Cómo Hablar y Presentar en Público

Trucos que funcionan desde el primer minuto

©Carlos Salas 2016.
Todos los derechos reservados

Edición: Mirada Mágica SRL.
Mayo 2018.
ISBN: 9781520834672

Mail: carsalas21@gmail.com
Twitter: @ojomagico
Diseño portada: Jaime Núñez.

Otros libros del autor:

Storytelling, la Escritura Mágica. Madrid, Mirada Mágica. 2018.
Trucos para escribir mejor. Madrid. Mirada Mágica, 2013.
Manual para escribir como un periodista. Madrid. Mirada Mágica, 2015.
La Edad de la Codicia. Madrid. Altera, 2009; y Mirada Mágica, 2015.
Las once verdades de la comunicación. Madrid Lid. 2010.
La tumba perdida de Cervantes. Madrid. Mirada Mágica, 2016.

*A todos mis alumnos,
por enseñarme algo nuevo cada día*

ÍNDICE

1. Mi Primera Charla..............9
2. Cómo Contar Cuentos..............10
3. Los Mejores Comienzos..............14
4. El Punto de Giro..............16
5. Tu Forma de Vestir..............20
6. Tus Manos..............22
7. Tu Mirada..............25
8. Tu Sonrisa..............27
9. Tu Voz..............29
10. El Lenguaje de tu Cuerpo..............34
11. El Miedo al Miedo..............38
12. El Nirvana de las Charlas..............43
13. El Tesoro Oculto..............45
14. Frases que debes Evitar..............49
15. Cómo Usar los Silencios..............51
16. La Caja Misteriosa..............53
17. Técnica de las Preguntas..............57
18. Practica, Ensaya, Repite..............61
19. Usa el 1% del Power Point..............63
20. El Punto de Atención..............66

21. Humaniza tu Presentación..............72
22. Trucos para Animar tu Presentación............75
23. Diseño de Diapositivas..............78
24. Cómo Usar Imágenes..............80
25. Cómo Usar Videos..............84
26. Cómo Usar el Puntero Láser..........86
27. El Desafío de los Gráficos y las Cifras............87
28. Cómo Escribir los Textos............92
29. Fuentes y Tamaños..............97
30. Inserta Frases Célebres............99
31. Un final, ¿de película?............101
32. Cómo Hacer Pruebas..............103
33. Errores en las Presentaciones de Empresa.....106
34. Las Peores Situaciones............110
35. Consejos para Tímidos............114
36. ¿Qué Pasa en el Cerebro?............116
37. Método Ted de Hablar en Público..............121
38. Defiende tu Trabajo de Grado o Máster.........123
39. Algunas Leyendas Falsas............129
40. Recursos..............131
41. Comenta............132

7

1. Mi Primera Charla

La primera vez que hablé en público me dieron diez minutos para exponer un tema. Lo hice muy mal. Me moví de un lado a otro lleno de nerviosismo. Me temblaba la voz. Sentía sudores fríos.

Muchos años después tuve que dar una charla ante un grupo de jóvenes periodistas latinoamericanos. Me preparé para hablar diez minutos. Al llegar, el organizador me dijo: "Tienes dos horas". ¿Dos horas?

Di una charla de dos horas.

¿Cómo pude cambiar tanto? Desarrollé una serie de trucos para hablar en público y hacer presentaciones con diapositivas que me funcionan bastante bien.

Seré sincero: a mí me sigue dando miedo hablar en público. Hablar en público es una de las cosas que desata más miedo en el ser humano. Y el mejor truco para superarlo lo explico en un capítulo: practicar mucho y, sobre todo, asumir que el nerviosismo es un estado de ánimo natural en todo ser humano ante un acontecimiento importante. Desde una cita en un restaurante con nuestro ser amado hasta una boda.

Este libro se basa en los errores y aciertos de miles de charlas y presentaciones, tanto mías como de mis alumnos. Son consejos que funcionan desde el primer minuto. Los quiero compartir con todos.

2. Cómo Contar Cuentos

Sale una mujer al escenario y dice:

"Hola, me llamo María Fernanda Escobar y nací en Monterrey. Soy la tercera de seis hermanos. De pequeña me eduqué en un colegio religioso. Años después mi familia se mudó a México DF y estudié en un colegio público. Cuando me tocó entrar en la universidad, decidí estudiar Psicología en la Universidad Nacional de México. Al egresar, abrí una consulta con otros amigos, y hoy tengo mi propio consultorio en Monterrey".

Suelo llamarlo "el relato Wikipedia". Nació, estudió, comenzó a trabajar, luego viajó a... Así se exponen las biografías en Wikipedia, ¿no? Muy formales.

Pero imagina que asistes a una conferencia de María Fernanda. Y al entrar, ella dice:

"Hace ocho años sucedió algo que cambió mi vida. Yo vivía en ciudad de México y un día fui a visitar a una amiga de colegio. Cuando entré en su casa, todo estaba a oscuras. Las ventanas cerradas. Era mediodía. Pregunté si allí vivía Drácula. Respondió que su madre se pasaba todo el día en la cama. No soportaba la luz. Sufría una profunda depresión y no había salido de su casa en los últimos cinco años. Hasta entonces, yo veía la depresión como un estado de tristeza pasajera. En mi familia de seis hermanos nunca tuvimos depresiones. Pero cuando supe que esa enfermedad puede acabar con la felicidad de las personas, decidí estudiar Psicología. Hoy trabajo en Monterrey y estoy satisfecha porque he encontrado mi vocación".

¿Has visto la diferencia?

Son relatos. Narran la historia de una persona. Hablan de vivencias. Pero la primera historia está contada con un estilo formal y distante que no atrapa la atención. Es una ficha técnica. La segunda está contada por un ser humano que muestra sus emociones. Nos sentimos atrapados.

Todo el mundo tiene algo que contar. Tú también. ¿Sabes por qué no lo cuentas como María Fernanda? Porque aprietas el botón "Wikipedia" para sentirte más tranquilo. Piensas que si cuentas "un cuento" no te van a tomar en serio. Temes que te califiquen de "superficial".

La mayor parte de las conferencias, charlas y presentaciones comienzan de forma aburrida. Y siguen de forma aburrida hasta al final. No despiertan mucho interés porque no aparecen seres humanos ni emociones. Solo gráficos, resúmenes, cuadros, abstracciones. Están deshumanizadas

Pero, como has visto en las pruebas anteriores, tú mismo te has quedado enganchado a la historia de María Fernanda y de la depresión. Cuando alguien empieza así su conferencia, sus palabras cobran un profundo sentido pues activan la mente del público: estamos más predispuestos a escuchar su exposición.

Las empresas, las organizaciones y hasta los políticos se han dado cuenta de que pueden usar esta técnica en sus charlas y presentaciones.

Los norteamericanos lo llaman *storytelling*, una definición que ha saltado fronteras: las empresas buscan un *storytelling*, los productos tienen un *storytelling*, se dan clases de *storytelling*. ¿Por qué no vamos a contar una historia? Somos los verdaderos protagonistas de esta vida y en este planeta.

La forma más potente de empezar una charla es esta: "Me gustaría contarles un cuento". Esas palabras electrizan al público, a todos los públicos en todos los sitios.

Si te da vergüenza usar una experiencia íntima y muy personal, usa la de otra persona. Tiene la misma eficacia.

Los cuentos pueden aparecer al principio, al comienzo o al final de una presentación o de una charla. Son magníficos para combatir la pérdida de atención. Es la oportunidad de recuperarla con historias. Una que funciona bien es: "Y ahora voy a contar algo tragicómico que sucedió con...".

Hay que aprovechar esos momentos para hablar de una persona, de una anécdota, de un hecho histórico, de una experiencia personal, de un dato sorprendente, de un descubrimiento, de una comparación...

Mucha gente piensa que una presentación sobre "La molécula de benceno" no debería usar cuentos ni tonterías. Solo conceptos. Fórmulas químicas. Hasta que un día, alguien rompe el maleficio y cuenta una historia sobre la molécula de benceno.

Los cuentos que mejor funcionan son los que muestran un caso de superación.

Haz la prueba: graba en video o en audio dos formas de presentarte. En la primera cuenta dónde naciste, dónde te educaste, cuántos hermanos tienes y dónde te gustaría trabajar. En la segunda, empieza contando una historia. Por ejemplo, una persona que influyó en tu vida y que encaminó tus pasos, un profesor que te inculcó una pasión, un hecho que decidió tu vida laboral o universitaria. Y al final, termina diciendo quién eres y cómo te llamas.

Procura que algunos amigos escuchen o vean estas grabaciones y pregúntales cuál les gustó más. ¿Adivinas cuál van a escoger? Pues bien: eso significa que lo puedes hacer.

3. Los Mejores Comienzos

Con suspense:

"Soy médico de un hospital público. La primera vez que hice guardia por la noche, me llevé el mayor sobresalto de mi vida".

Compartiendo una emoción:

"Quiero compartir con ustedes un descubrimiento que hice hace dos años. Los animales piensan y sienten".

Compartir un secreto extraordinario:

"Les voy a contar un secreto. Descubrí la música hace seis meses. Ahora soy un genio del violín".

Con una pregunta:

"¿Se han preguntado alguna vez si hay vida extraterrestre?"

Con una confesión:

"Hace diez años sufrí un ataque cerebral".

Con la colaboración del público:

"Por favor, que levanten la mano los que hayan sufrido estrés".

Con una dolorosa revelación personal:

"Me crié en un orfanato y hace cinco años me puse a buscar a mi madre. Hoy está aquí y no lo sabe".

Con el tesoro que todos llevamos dentro:

"Yo era una persona sin talento para escribir. Pero me propuse hacer un best seller. Ustedes también pueden y les voy a contar cómo se hace".

Con un problema:

"A mi equipo y a mí nos han pedido este año que aumentemos un 20% las ventas, pero nos han dado la mitad de dinero. Voy a exponerles qué se nos ha ocurrido".

Con pánico:

"Por favor, estén atentos al gráfico que les voy a mostrar porque revela dónde estamos y dónde podemos terminar si no actuamos ya".

Con la expectación de un producto :

"He estado esperando este día durante tres años. Un equipo de 30 personas ha trabajado para desarrollar una aplicación que les va a sorprender".

Con el aviso de que vas a contar un cuento:

"Déjenme que les cuente un cuento".

4. El Punto de Giro

Imagina que llevas cinco minutos paseando con un amigo por un parque. Él está hablando de un viaje y tú dejas de prestarle atención porque es muy rutinario: la facturación, las maletas, el embarque, el despegue, la cena... En un momento dice: "De repente, a diez mil metros de altitud, el avión comenzó a dar tumbos y saltaron las mascarillas. Escuchamos gritos en la parte de atrás. Cuando me di la vuelta, una puerta de emergencia había volado".

El punto de giro es un hecho que modifica el curso de la narración. En el caso de arriba, es cuando el amigo dice: "**De repente, el avión comenzó a dar tumbos y saltaron las mascarillas**".

En las películas, el punto de giro es el momento en que todo va bien hasta que desaparece una chica, cae un avión, echan a alguien del trabajo, roban una obra de arte valiosa... Entonces, el espectador dice: ¿qué va a pasar ahora?

Si se pudiera hacer un modelo de presentación con punto de giro, debería desarrollarse con estas frases por etapas:

1. "Cuando yo tenía 16 años".

2. "Yo solía hacer..."

3. "Entonces **sucedió algo inesperado**"

4. "Aquello cambió todo".

Es un error pensar que no se pueden plantear puntos de giro en una presentación sobre las cuentas de tu departamento financiero o un trabajo de fin de máster.

Hace tiempo, eso mismo me lo planteó una alumna de una empresa dedicada a gestionar las hipotecas de un gran banco. Le dije que toda tarea siempre contiene un problema. Y que el problema era un punto de giro. Solo había que buscarlo.

La chica solía hacer la presentación de forma aburrida: "Somos esto, hacemos esto, cada año gestionamos tantas hipotecas y este es nuestro presupuesto para este año...".

Aquel año les habían recortado el presupuesto; y su equipo tenía la meta de mantener el volumen de trabajo. "Ese es el punto de giro", le dije. "El problema".

Ella había puesto el problema al final de su presentación y yo le recomendé trasladar el problema al principio. Empezar con el problema, como en las buenas películas: "Este año tenemos menos dinero y empleados para gestionar miles de hipotecas. ¿Quieren saber cómo mantendremos el mismo nivel que el año pasado?".

Al público que asiste a una presentación le gusta lo mismo que a los espectadores de una sala de cine: ver un problema y preguntarse: ¿cómo diablos lo van a resolver?

Cuanto más grande sea el problema, más ganas tendrá el espectador de averiguar cómo lo van a resolver los héroes.

Para mantener la atención en una presentación hay que tratar de que los problemas vayan empeorando. Son puntos de giro que se introducen a lo largo la historia y la hacen más interesante. Un presentador con picardía puede ir introduciéndolos poco a poco para mantener la atención hasta el final. Así funcionan los guiones de cine. Cuando el público pensaba que lo habías resuelto, vuelves a introducir otro problema. En inglés lo llaman "*the plot thickens*", es decir, "la trama se complica".

Jill Bollte Taylor, una neurocientífica, empezó su charla diciendo que a su hermano le diagnosticaron de joven esquizofrenia, y ello la impulsó a estudiar las enfermedades mentales. Jill fue a trabajar a Harvard. "Pero en la mañana del 10 de diciembre de 1996 me levanté descubriendo que tenía un desorden cerebral yo misma". Jill estaba sufriendo un derrame. (Ese era el primer punto de giro de su historia).

El público quería saber más sobre su derrame.

Jill primero sintió un dolor como cuando uno muerde un helado. El dolor iba y venía pero ella pensó que podría hacer su rutina diaria. Como todos los días, primero se fue a su máquina estática de caminar y allí contempló que sus manos se habían convertido en garras mientras todo su cuerpo se deformaba. Estaba entrando en una extraña dimensión. (Punto de giro). Al ir a la ducha, la sensación de fantasía se acentuó porque no podía distinguir los límites de su cuerpo. "Era una percepción maravillosa". Se sentía mejor que nunca. De repente, una parte del cerebro le empezó a decir: "Tenemos un problema. Hay que buscar ayuda". (Ese es otro punto de giro de su historia). Pero ella ignoraba los avisos porque estaba feliz. Fue al salir de la ducha y al vestirse, cuando se le paralizó el brazo derecho. (Nuevo punto de giro porque la trama se complica). El cerebro le envió más mensajes: "Pide ayuda, pide ayuda". Jill se acercó al teléfono y tomó la guía para marcar el número del laboratorio. Pero vino lo peor: no podía reconocer los signos ni los números. No reconocía nada. (Más puntos de giro). Tras más de 40 minutos intentándolo, logró asociar garabatos y marcó un número. Alguien se puso del otro lado pero Jill no entendía nada: escuchó gruñidos. (Punto de giro). Jill recordó al final de su charla que llegó una ambulancia y ella se recostó en la camilla en posición fetal. Se abandonó a la suerte. Ya no podía controlar nada. Creyó que eran los últimos momentos de su vida.

Haz la prueba: escoge un trabajo, una presentación o una tarea que hayas hecho, y localiza el problema. Luego sitúa este problema al principio de tu presentación y úsalo para empezar tu charla. Incluso magnifícalo. Una vez hayas escrito este guion situando el problema al inicio, verás que es más fácil ordenar tu presentación.

Haz la prueba: busca en internet "las mejores charlas del mundo" y trata de encontrar dónde está el punto de giro de cada una. Así aprenderás a introducir ese truco en tus propias presentaciones.

Video: te recomiendo que veas la película *A propósito de Henry*. La protagoniza Harrison Ford, que hace el papel de un prestigioso abogado. Tu tarea consiste en localizar el punto de giro en los primeros minutos. Suelo poner esta película a mis alumnos para explicarles cómo se usa el punto de giro en los guiones de cine. Encuéntralo.

Video: puedes ver la historia de Jill en español poniendo "jill taylor stroke ted español" (con subtítulos).

5. Tu Forma de Vestir

¿Qué impresión quieres dar a tu audiencia? Si vas a hablar ante inversores, tendrás que ir de traje y corbata, pero si vas a hablar ante inversores que van poner su dinero en tu pequeño circo ambulante, tendrás que vestir como un payaso.

Tu audiencia, ¿son niños? ¿universitarios? ¿ancianos de un club de amantes del cine del viejo Oeste? Ante los primeros tendrás que ir con vaqueros (*blue jeans*); ante los segundos, con vaqueros y chaqueta, y ante los terceros, con vaqueros, chaqueta y corbata. ¿Entiendes? Tu envoltorio denota tu personalidad.

Zapatos. Algunas mujeres asisten a sus presentaciones vistiendo zapatos de tacón o botas de *cow boy* (camperas). Cuidado: si el escenario es hueco, harás mucho ruido al caminar. Si eres una mujer nerviosa, parecerá que estás en un tablao flamenco. Para evitarlo, cámbiate a zapatos con suela de goma o no camines mucho sobre el escenario. Quédate en un sitio sin moverte.

Pulseras. Intenta hacer tu presentación sin pulseras. Primero porque hacen mucho ruido y despistan al público. Segundo, porque si estás nerviosa, se te notará porque empezarás a jugar con tus pulseras.

Relojes. Puedes llevarlos (hombre o mujer) siempre que no sean muy llamativos. Recuerda: no lleves nada que desvíe la atención salvo que lo vayas a usar. En alguna ocasión yo mismo me he quitado mi reloj y lo he usado para hablar del tiempo o del lanzamiento de una extraña marca de relojes.

Mangas. Algunas personas visten con jerseys o blusas con las mangas sueltas. No son muy útiles porque cuando nos ponemos nerviosos, solemos tirarnos de las mangas o recogerlas. En un capítulo posterior te diré dónde poner las manos para que no te pase eso.

Corbatas. Es mejor no llevar corbata que llevarla mal. Los jóvenes no tienen mucha costumbre de modo que cuando se ponen traje y corbata, parece que llevan el traje de su abuelo, y que la corbata es una soga de ahorcar. Para evitar que el nudo se abra, hay que fijarlo bien al cuello antes de hablar en público. Y abrocharse el primer botón de la camisa, junto al cuello.

Blusas. Las mujeres siempre lucen bien con una blusa y cualquier falda o pantalón. Suelen ir un poco más arregladas que los hombres.

Haz la prueba: ponte tu ropa más cómoda, y grábate una pequeña presentación, como si fuera tu curriculum o el relato de tu hoja de vida. Grábate de cuerpo entero y con buena luz. Envíaselo a una amiga y pregúntale si le gusta. Así sabrás cómo vas a lucir. Recuerda que los envoltorios nos influyen: hay camisas, blusas, pantalones o chaquetas con las que nos sentimos cómodos. ¿Sabes cuáles son?

6. Tus Manos

¿Has visto cómo se saludan dos personas desconocidas que se acercan una a la otra? Lo primero que enseñan son las palmas de las manos: es el signo mundial de la paz. "Jao, Ave Cesar, Hola". Significan: "No pretendo agredirte".

Enseña las palmas de las manos. No las pongas detrás (por la espalda) porque si estuvieras en medio de la selva y un desconocido se te acercara con una mano atrás, pensarías que oculta un arma. Puede agredirte.

Jesucristo aparece en las estampitas con las manos abiertas, para que la gente se le acerque. No está en la posición del boxeador, ni la del 'pequeño saltamontes' de Karate Kid. Extendemos la mano para ayudar o para tirar de alguien que ha caído. En español se dice 'echar una mano' al acto de ayudar. No se dice: "¿Quieres que te eche un puño?".

Cuando señales a alguien, trata de apuntarle con la palma extendida hacia arriba. El dedo es demasiado acusador. Parece un cuchillo.

No te metas las manos en los bolsillos, salvo cuando haya confianza, cuando quieras hacer una reflexión calmada o cuando te hayas ganado al público.

Hay muchas posiciones útiles para situar las manos pero la más sencilla es una sobre otra a la altura del estómago. Puedes entrelazar los dedos, o juntar las palmas como los que dan palmas en el flamenco.

Una vez ahí, aprende a abrir las manos, y a enseñar las palmas al público (posición de Jesucristo), y a volver a la posición original.

Haz la prueba: grábate unos segundos en una charla y ensaya estas posiciones de las manos. A la altura del ombligo, crúzalas, únelas, junta los dedos, junta las palmas, gira las palmas para que estén de lado, y abre los brazos. Luego vuelve a la posición del principio. Y repítelo varias veces durante la exposición. Mira a las locutoras de programas y concursos de televisión. Fíjate en sus manos.

Haz la prueba: ponte delante de un espejo y trata de hablar sobre cualquier cosa (un viaje, tu vida) haciendo lo siguiente: A) Las manos una sobre otra a la altura de la cadera con las palmas hacia tu estómago. B) Haciendo lo anterior pero abriendo las manos hasta la postura de Jesús. Ofreciendo las palmas al público. C) Con los brazos abiertos y las manos con las palmas hacia arriba, moviéndolas de arriba abajo cada vez que terminemos una oración.

Haz la prueba: si no sabes dónde meter las manos, júntalas como si fueras a rezar y pídele a alguien que te las ate con una cuerda. Luego, trata de hablar durante diez minutos moviéndolas como puedas. Eso te ayudará como punto de partida. Luego, puedes soltarlas y verás que las mueves mucho mejor.

Video: ¿quieres ver qué hacía el cantante Julio Iglesias con sus manos en 1968? Busca en YouTube el video "julio iglesias la vida sigue igual 1968" (espera unos segundos hasta que entre la grabación). Iglesias no sabía qué hacer con las manos, y se le ocurrió cantar metiéndoselas en los bolsillos, o cruzándose de brazos. Horroroso. Pero ahora es un genio del espectáculo.

7. Tu Mirada

Mira a todo el público: de izquierda a derecha, y de la primera a la última fila. Que todos sientan que tu mirada les abarca.

No muevas los ojos, sino que sea la cabeza la que se gira con ellos. ¿Por qué? Porque si sólo mueves las órbitas de los ojos parecerá una mirada sospechosa.

Cuando mires de un lado a otro, trata de cerrar brevemente los ojos durante el giro de la cabeza y ábrelos al terminar el giro, como hacía Obama en sus discursos.

El área de los ojos es la zona más importante del cuerpo en la comunicación entre dos personas. Decimos que una persona tiene 'una mirada franca' porque nos mira a los ojos.

Puedes poner a prueba la influencia de la mirada con un truco muy sencillo. Cuando alguien esté cuchicheando o hablando en ese tono bajo que te puede arruinar la charla, acércate poco a poco y mírale a los ojos. Se callará inmediatamente.

Lo mismo puedes hacer cuando percibas que la atención de tu charla está decayendo. Quizá no es porque seas aburrido sino porque son las tres de la tarde, y el público está con el estómago lleno haciendo la digestión. Es un momento pesado.

Entonces, te recomiendo (entre otros trucos que doy aquí), que pasees un rato entre el público y les mires a una distancia corta. Eso les animará.

La mirada no solo abarca los ojos sino el arco superciliar, y se combina con los gestos de la cara. Subir las cejas es un signo mundial de saludo. Arquearlas hacia abajo, es amenazar o ponerse serios para decir algo importante.

Haz la prueba: utiliza el salón de tu casa como escenario. Pega adhesivos por todo el salón e imagina que cada papelito es una cara. Puedes incluso dibujar una cara en cada uno. Ahora comienza a hablar y trata de que tu mirada se fije unos segundos en cada uno. Con ello aprenderás a situar la mirada en todo el público de forma automática, y te será más fácil con tu audiencia de verdad.

Haz la prueba: ponte frente al espejo y practica un discurso improvisado subiendo y bajando las cejas. Quédate un momento callado, y acerca la cara al espejo. Hazlo también ante una cámara, combinando los movimientos de los ojos y las cejas con los de la boca. Expresa felicidad, gratitud, rabia, odio, hastío, tristeza...

Video: mira el discurso de Obama en el día de la Victoria de 2008. La mirada abarca a todo el público. Obama cierra y abre los ojos de forma premeditada en su recorrido panorámico. Google: 'Obama, speech, victory, 2008'.

Web: si pones en Google 'scott mccloud faces' y pinchas en 'imágenes' verás todos los sentimientos humanos dibujados por el ilustrador norteamericano Scott McCloud. Imita esas caras frente al espejo.

8. Tu Sonrisa

Cada vez que entro a mi edificio, saludo a los vigilantes de la entrada. Unos me sonríen. Otros solo me saludan. Un día me di cuenta de que aquellos que me sonreían, me caían mejor.

La sonrisa es una gran comunicadora. Transmite, optimismo, cercanía, calidez. Cuando alguien te sonríe te está diciendo: "Me caes bien. Me gustaría ayudarte. Soy tu amigo".

Nos fiamos por instinto de la gente sonriente. Es un acto de empatía natural. No es por casualidad que los camareros, las recepcionistas, los vendedores o las personas que están en contacto con en público hayan sido entrenadas para sonreír. Eso gusta a los clientes. Por lo tanto:

–Si la sonrisa no te sale de forma natural, ensáyala ante un espejo hasta que parezca natural.

–Si empiezas tu charla con una sonrisa, el público estará más abierto a escucharte (luego, tendrás que aplicar más trucos de esta guía).

Los miembros de los tribunales que juzgan los trabajos universitarios de fin de grado o de máster (o maestría, como se dice en América Latina), sienten más propensión a mejorar la nota de los estudiantes sonrientes. Además, la sonrisa ayuda al estudiante a creerse más a fondo su proyecto. Eso complace aún más a los miembros del tribunal.

Hay personas que tienen una sonrisa natural. Que nacen con ella. Es una ventaja. Otros tienen que ensayarla.

La sonrisa nos altera hasta el tono de voz. Las personas que están en el servicio de atención telefónica de las empresas reciben entrenamiento para que sonrían mientras hablan con los clientes. Los clientes no les ven, claro, pero de forma subliminal, perciben un tono risueño de voz.

Haz la prueba: escoge a un amiga y ensaya diferentes grados de sonrisa ante ella. ¿Por qué una amiga? Porque las mujeres tienen un don natural de captar los microgestos. Ella te ayudará a encontrar tu grado ideal de sonrisa: que no parezca exagerada, que no sea impostada. Sino natural. Practica también una sonrisa especial para las fotos. Haz la prueba con una cámara hasta que encuentres el punto exacto de "la sonrisa natural de foto".

9. TU VOZ

Algunos expertos en comunicación afirman que el lenguaje del cuerpo representa el 55% de nuestro mensaje; el tono de voz, el 38%, mientras que las palabras solo el 7%. No estoy de acuerdo desde que me sucedió algo.

A uno de mis alumnos le llegó el turno de hablar en público. Solo tenía que presentarse. La verdad es que el chico hizo una presentación muy desastrosa. No sabía dónde poner las manos, miraba al suelo, hablaba de una forma torpe y sin gracia... Sus compañeros dijeron entre otras cosas que el lenguaje del cuerpo era espantoso y la voz muy tenue.

Le aparté a un lugar fuera de la vista de los demás y estuve charlando unos minutos con él. Le pedí que me contara algo insólito o fascinante de su vida. Miró al suelo y me dijo que no tenía gran cosa que contar. Le pedí algún recuerdo asombroso de su infancia, o una persona que hubiera cambiado su vida, y respondió lo mismo. Al final, ya sin recursos, le pregunté si practicaba algún deporte: me dijo que solo corría. Y entonces se acordó de que había corrido una maratón. Me contó algunos detalles, y entonces le dije: "Sal ahí y cuenta eso, olvidándote de las manos y de la mirada. Cuéntalo como te dé la gana".

Cuando salió de nuevo, empezó a contar la historia de su maratón. Son casi 42 kilómetros. El chico narró lo que iba sintiendo a lo largo de la carrera, y dio detalles de lo que llaman 'el muro', esa sensación límite que se siente a los 30 kilómetros, cuando el cuerpo ha agotado toda la glucosa. Contó que los últimos 12 kilómetros los corrió casi en estado de inconsciencia. Y que llegó al final porque algo le decía que no se detuviese.

La clase ni pestañeó. Estuvo en trance escuchando a una persona que minutos antes había hablado de forma aburrida. Al terminar, todos aplaudieron. Pregunté: ¿alguien se ha fijado dónde tenía los brazos o adónde miraba? Dudaron. No sabían. En realidad, no lo recordaban.

Aquello me hizo pensar que lo más importante de una presentación no es el lenguaje del cuerpo ni el tono o el volumen de la voz. Es el contenido. Es el cuento. El significado.

No tenía evidencias científicas de mi hipótesis hasta que vi una charla de Uri Hasson, un neurocientífico. Tras realizar experimentos con varias personas que escuchaban una historia, llegó a la conclusión de que los cerebros se alineaban cuando escuchaban una buena historia. Lo importante era el significado de la historia no el tono. Lo importante es lo que sale de la boca.

La mejor prueba la dio Megan Washington. Esta chica dio una charla donde cometió todos los errores posibles: no miró al público, leyó el texto en su propio móvil (insultante, ¿eh?), y para colmo de males era tartamuda. Pero contó la historia de su tartamudez de una forma tan hermosa que hoy su charla es considerada como una de las más ejemplares del mundo.

Hay quien se avergüenza de tener una voz atiplada o ronca, o de faltarle volumen. Yo les digo que lo importante es lo que cuentan.

De todos modos, hay ciertos consejos para encontrar un tono de voz adecuado. Mi experiencia es que usamos dos tonos de voz cuando hablamos: el de locutor de televisión y el de 'para los amigos'. El primero es más frío. Lo usamos para ocasiones formales y tiene el riesgo de que el público acabe perdiendo el interés o le cueste concentrarse, como nos pasa con los sermones en las iglesias. El segundo es más cercano. Es el que recomiendo. ¿Cómo es?

Muy sencillo: hablar como si estuviéramos contando algo en un bar. Los norteamericanos dicen: *create a conversation, not a presentation*. Entabla una conversación, no una presentación. Cuando mis alumnos adoptan el tono distante, les detengo y les pregunto: ¿cómo lo contarías en la barra de un bar? Entonces, transforman el tono y se hacen más cercanos.

En lo que refiere al volumen, tienes que hablar para que te escuchen hasta los que están en la última fila del auditorio. ¿Cómo medir tu potencia?

Visita con antelación el sitio donde vas a hablar. Al fondo del auditorio o local donde vayas a hablar sitúa a una persona. Entonces habla y puntúate del 1 al 10 en función a tu volumen de voz. Luego pide a la persona que está al final de la sala que te puntúe. Si te da una nota más baja de la que pensabas, es que hablas con poco volumen.

¿Y por qué no confiar en los micrófonos? Porque pueden fallar. El truco de calcular la potencia de tu voz solo es para que estés preparado y para que sepas cómo llegar a los oyentes de la última fila.

Lo que cuesta un poco más es dominar el volumen. Solemos pensar que consiste en forzar la voz apretando el cuello. Pero eso solo daña la garganta. Los cantantes de ópera tienen un gran volumen porque expulsan el aire sin esfuerzo. Solo mueven los labios y la lengua, como si dejaran salir el contenido de un fuelle.

Para elevar el volumen solo hace falta usar bien la boca y la nariz como una caja de resonancia, igual que las cajas de los altavoces. Cuando hice un curso de voz y de locución, me enseñaron lo siguiente: primero me tapaba la nariz con los dedos: luego hablaba como si estuviera resfriado; y al final, soltaba los dedos, y hacía resonar las palabras en las cavidades nasales, como tratando de expulsar el aire por la nariz. En ese momento las palabras retumban. El cambio es sorprendente.

Para controlar la respiración en las charlas, los expertos en voz y fonación recomiendan aspirar aire hasta notar cómo se ensancha el diafragma (la parte inferior de los pulmones), y expulsarlo lentamente con una larga y lenta parrafada. Ensaya varias veces.

La vocalización se puede mejorar haciendo muecas con la boca y con la lengua delante de un espejo, como si fuéramos niños. Eso aumenta la elasticidad de los labios y de la lengua.

Si quieres conocer tu tono de voz y saber cómo te expresas, grábate en un video, y antes de verte en una pantalla, ponte de espaldas y escucha primero solo tu voz. Es la forma de saber en qué fallas. Luego, date la vuelta y vuélvelo a mirar con tu imagen. Grábate varias veces hasta que encuentres el tono que te gusta. Este consejo me lo dio un realizador de televisión.

Haz la prueba: respira hondo, y habla expulsando ese aire conscientemente, mientras pronuncias palabras, lees un texto, o el abecedario, o los números. Verás después de varios intentos cómo puedes notar que controlas la salida de aire de tus pulmones a través de tu garganta y tus cuerdas vocales.

Ahora hazlo cambiando las inflexiones de voz, como si estuvieras contento, enfadado, molesto, irónico, arrogante... Intenta pronunciar lentamente las palabras, aumentando el tono en los acentos, y vocalizando bien las últimas letras de cada palabra, especialmente el final del texto.

Para corregir tus latiguillos como 'entonces', 'pues eso', '¿de acuerdo?', '¿verdad?,' practica ante una cámara hasta que los elimines.

10. EL LENGUAJE DE TU CUERPO

¿Qué es mejor? ¿Moverse de un lado a otro en el escenario? ¿Quedarse clavado en el mismo sitio?

Si eres una persona nerviosa es inevitable que te muevas de un sitio a otro. Eso no es un problema. Pero hazlo con seguridad, como cuando una pareja de actores discute en el salón de casa, caminando de acá para allá y haciendo paradas.

Si permaneces clavado en el mismo sitio, intenta no balancearte para adelante/atrás, o izquierda/derecha como si fueras un velero, porque dará la impresión de que tu discurso no tiene sustento: que estás sobre la cuerda floja. El público se deja llevar por impactos subliminales.

Si prefieres quedarte en el mismo sitio, piensa que estás adherido al suelo con pegamento.

¿Y dónde me pongo?

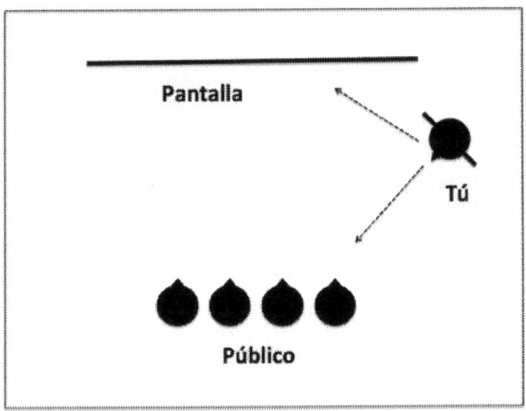

Lo ideal es situarse 110 grados de la pared o de la

pantalla. En esa posición, puedes echar un vistazo a la pantalla y al público sin forzar el cuello y sin dar la espalda.

¿Es malo dar la espalda? No es recomendable pero tampoco es un sacrilegio. Si necesitas acercarte a una imagen o a un gráfico para explicarlo mejor, hazlo sin tapujos dando la espalda al público. Es más: acércate y tócalo. Recuerda que en el arte de hablar en público y hacer presentaciones no hay reglas de oro: solo consejos.

Te puedes mover de un lado a otro o quedarte quieto. Lo importante es lo que dices. Una vez escuché una divertida charla de un señor que estuvo todo el tiempo sentado en una butaca. Sus diapositivas eran horrorosas pero él era tan ameno, que compensaba su postura estática con un discurso atractivo y provocador. Eso me demostró que no importa dónde te colocas sino lo que dices y cómo lo dices.

¿Y cómo hacer las transiciones?

La experta norteamericana Lisa B. Marshall recomienda cambiar de dirección en el escenario al terminar una frase importante. Hacer pausas. Por ejemplo, si vas hacia la derecha del escenario y has terminado tu frase, cambia de dirección antes de empezar otra frase. Los espectadores lo interpretan como que has terminado de presentar una idea, y ahora empiezas a exponer otra. De todos modos, creo que no hay que obsesionarse mucho: es difícil coordinar movimientos del cuerpo con ideas. Estos consejos son para los que quieran dar un salto a un nivel superior de la oratoria.

Los movimientos de las manos y del cuerpo sirven para enfatizar, es decir, para imprimir más fuerza a tus palabras. Si hablas del futuro, extiende las manos hacia el frente; si hablas del pasado, lleva las manos hacia atrás, como si estuvieras echando sal encima del hombro. Cuando hables de una emoción interna, llévate la mano al corazón. Si vas a comentar el crecimiento de las ventas, traza una diagonal con la mano de abajo hacia arriba. Y las caídas, al revés. Ensaya ante el espejo estos movimientos hasta que sean naturales.

Descubre por tu cuenta más movimientos: ponerte las dos manos a la altura de las sienes para mostrar que algo te preocupa; ponerte las manos en las caderas para hacer preguntas al público; agitar el dedo índice en el aire cuando tienes que hacer una advertencia... Es como actuar.

El lenguaje del cuerpo es muy parecido al lenguaje de los actores de cine mudo. Pero también a la lengua de signos de los sordos. Muchos de sus signos son tan naturales que podríamos entenderlos sin que nos explicaran el significado de la Lengua de Signos. Para referirse al termino 'planeta' trazan una bola con las dos manos. Igual que lo haríamos nosotros si fuéramos niños.

Haz la prueba: trata de explicar cosas sencillas sin hablar, como si fueras mudo, solo moviendo la boca, el cuerpo, las manos y los brazos o las piernas. Grábalo con tu cámara o móvil. Verás cómo imitas el lenguaje de signos que usan los ciegos. Es un lenguaje muy natural.

Haz la prueba: con amigos o compañeros de trabajo: tápate los oídos con tapones. Pide a otros que escriban en un papel cosas visualizables o acciones elementales como "tomar café", "tomar té", "planeta tierra". Una tercera persona tiene que ir abriendo esos papeles, y representarlos para ti, sin decir palabra, solo con el lenguaje del cuerpo. A medida que esta persona muestra con sus manos o movimientos el contenido de ese papel, tú lo describes en otro papel. Al final, debes comparar tus papeles con los de tus amigos para ver si coindicen. Verás que en la mayoría de los casos has acertado. Esta prueba es para que veas la importancia del lenguaje corporal universal, pues lo que tú entiendes es lo que todo el mundo entiende cuando se emplea el lenguaje corporal.

Haz la prueba: si eres una persona nerviosa que se mueve mucho en el escenario o te balanceas demasiado, ponte un palo de escoba apoyado en la espalda, con el cepillo en el suelo, por supuesto. Trata de que el palo no se caiga. Verás que eso te enseña a no moverte del sitio. Esta prueba es ideal para los camarógrafos porque así no tendrán que buscarte en el escenario.

Video: busca en Youtube "Bobby McFerrin escala pentatónica"

11. El Miedo al Miedo

Esta es la historia de Barbara Corcoran. Cuando era pequeña y tenía dificultades para leer, una profesora le dijo: "Barbara, eres torpe". De joven, Barbara fundó su pequeña empresa inmobiliaria con su novio, pero éste la abandonó por la secretaria. "Barbara, nunca triunfarás sin mí", le dijo. Barbara siguió a solas con su negocio. Se llamó The Corcoran Group.

Un día se preparó una charla ante 300 banqueros. Subió al estrado y su mente se quedó en blanco. "Ni una sola palabra salía de mi boca", confesaría más tarde. "Bueno, pasemos al próximo ponente", dijo el presentador. Barbara sufrió pánico escénico y se juró no volver a hablar en público.

Las personas que dicen tener pánico a hablar en público, en realidad tienen pánico a tener pánico: eso les bloquea.

Todos hablamos en público: en fiestas, en familia, con la pandilla, en grupo, y no digamos cuando llevamos algunas copas encima. ¿Por qué surge el miedo? Porque tenemos miedo al miedo.

He escuchado a muchos expertos ofreciendo técnicas para apaciguar el miedo escénico. Respirar hondo, pensar en el cosmos infinito, imitar con el cuerpo movimientos de triunfo...

Puede ser que estos trucos funcionen en algunos casos. Mi técnica consiste en no tener técnica. Digo la verdad: el nerviosismo y la ansiedad son parte de la vida.

Si aprendes a convivir con ellas, poco a poco las controlarás. Las presentaciones sin ansiedad son muy aburridas. ¿Alguien ha ido a la cita con el hombre o la mujer de su vida sin estar hecho un manojo de nervios? Eso es el amor: ansiedad y nervios.

Gonzalo Álvarez, uno de los mejores formadores en comunicación, me dijo una vez: "Antes de salir al campo de fútbol, te aseguro que Messi y Cristiano Ronaldo están nerviosos". Para quitarse el miedo, Gonzalo recomienda el truco de los futbolistas: "Ponte a entrenar". Es decir, practicar, ensayar.

Una vez conocí una persona que me dijo que era muy tranquila y no se inmutaba por nada. No le daba miedo hablar en público. Cuando le escuché hablar en público, me di cuenta de que era tan flemática que nos aburría a todos. Prefiero a los que tienen miedo porque se inventarán algo para no aburrir al público.

Doy gracias por seguir teniendo miedo cada vez que voy a hablar en público o hacer presentaciones. Eso me obliga a preparármelas, a cuidar los detalles, a esforzarme en inventar algo nuevo. Me obliga a practicar. Cuando subo a un estrado con demasiada confianza, pierdo la inspiración y la charla empeora.

Lo único que puedo decir a los que sufren por su nerviosismo es que ellos se ven más nerviosos de lo que parecen. Cuando hago simulaciones, le pregunto a la persona que acaba de dar su charla, si se ha sentido muy nerviosa. Dice que mucho. Luego me vuelvo a la clase y pregunto si la han visto muy nerviosa: la respuesta es 'solo un poco nerviosa' o 'nada nerviosa'. Pero casi nunca dicen que estaba 'muy nerviosa'.

Para comprobarlo, grabamos las intervenciones y luego las analizamos. El alumno, al verse en video, se da cuenta de que ante la cámara no estaba tan nervioso. Y entonces le digo: "Lo que te pone nervioso es pensar que te van a ver nervioso".

Si tienes miedo al público es porque no te has puesto a pensar cómo te comportas tú cuando eres parte del público: eres una persona benévola. El público es benévolo. No van a masacrar a alguien por ponerse nervioso, incluso si lo hace muy mal. Todo lo contrario: cuando ven que el conferenciante lo pasa mal, entonces le sonríen y le apoyan asintiendo.

Una de las cosas que causa más pánico es pensar que te vas a quedar en blanco; que se te va a olvidar el texto que aprendiste. Para atemperar ese miedo recomicndo llevar las notas en tarjetas de cartón como hacen los presentadores de televisión. Ellos tampoco son superhéroes; tienen el miedo a olvidarse. Un vistazo discreto a las notas no altera la presentación. Ellos lo hacen ante millones de personas.

Uno de los discursos más emocionantes del mundo lo pronunció Steve Jobs ante cientos de alumnos de la Universidad e Stanford. Lo leyó de cabo a rabo. Ese discurso se enseña en las escuelas de negocio como modelo de vida empresarial y de superación, y como modelo de cómo hablar en público. Pero está escrito.

Es mejor que las notas estén escritas sobre un cartón o sobre una tarjeta, que sobre un papel. ¿Sabes por qué? Porque el sudor y tu nerviosismo acaban pulverizando las hojas de papel que tienes en las manos.

Llevar notas en tarjetas te dará seguridad para superar la amenaza de 'quedarse en blanco'. Será tu amuleto. Barbara Corcoran lo usa. ¿Quieres saber cómo acabó la historia de Barbara?

Después de haberse quedado en blanco ante 300 banqueros, se prometió que nunca hablaría en público. Luego cambió de idea. Se dijo: "Tengo que superarlo". Durante doce semanas se dedicó a enseñar un curso en la Universidad de Nueva York sobre cómo vender casas. Logró controlar su miedo. Hoy es una de las mejores conferenciantes de EEUU. Su charla sobre sus frustraciones es una de las más vistas de TED Talks. Búscala en Google en "barbara corcoran rethinking failure", y no te pierdas un detalle: lleva en la mano un montón de tarjetas que apenas lee. Es su amuleto contra el miedo.

Si esto no convence a los tímidos, lee el siguiente consejo de la web presentationzen: un cómico norteamericano llamado Michael Jr. siempre sufría ataques de nervios antes de su espectáculo hasta que un día descubrió algo que le eliminó ese sufrimiento.

Se dio cuenta que tenía que salir a 'dar algo' a sus espectadores, no 'a esperar algo' de ellos. Hasta entonces, cuando salía al escenario, él esperaba la aprobación del público.

Ese cambio psicológico de 'dar' en lugar de 'esperar', fue lo que le hizo superar su miedo escénico y desde entonces, antes de cada espectáculo, se concentra pensando en lo bien que se va a sentir regalando algo al público.

No sé si funcionará en todos los casos pues cada uno de nosotros tiene su propio carácter. Tampoco funciona siempre en la misma persona por la mañana, por la tarde o por la noche.

Lo que debes tener claro es que no hay que tener miedo al pánico. Todo el mundo siente miedo al hablar en público. Como dijo Mark Twain: "El 50% de los oradores reconoce que tiene miedo a hablar en público y el otro 50% miente".

Video: busca en Google 'steve jobs stanford español' y encontrarás su increíble discurso subtitulado o doblado al español. Jobs apenas se mueve. No gesticula. Supongo que estaría nervioso. Lee un papel. Pero el contenido y la forma de contarlo son excelentes.

12. El Nirvana de las Charlas

Ken Robinson sufrió polio cuando tenía cuatro años. Ahora es educador y da charlas por todo el mundo. Un día entró cojeando a un escenario y comenzó su charla de la forma más grotesca: "¿Cómo están? Ha sido increíble, ¿verdad? Estoy abrumado con todo esto (se refería a las charlas anteriores). De hecho, me voy a ir".

Robinson solo provocó una risa floja al público. Luego, confesó que se dedicaba a la educación y contó un par de chistes malos. Aquello tenía la pinta de ser 'la peor charla del mundo'. Comienzo típico, chistes dudosos, señor que se quiere hacer el simpático...

A medida que pasaban los minutos, la charla se hacía más interesante, y al final, Robinson logró entusiasmar al público y sacar una ovación de película.

Es la charla más vista en la historia de las charlas TED (Technology Entertainment and Design), las más famosas del mundo. Tiene cerca de 40 millones de visitas a la hora de escribir este librito. Se titula "Las escuelas matan la creatividad". Es una charla ejemplar impartida por un hombre que apenas se mueve del sitio y, que se mete las manos en los bolsillos. Yo la llamo 'charla nirvana', porque ha llegado a lo más alto: no usar diapositivas y encandilar al público.

Cuando me preguntan si es mejor presentar con Power Point, Keynote o Prezi, respondo que la mejor presentación es aquella en la que el presentador no usa diapositivas. Cuando está solo ante el peligro. Con su voz y sus movimientos de manos. Eso se logra cuando el presentador ha llegado a comprender que lo importante es él y lo que cuenta, no las diapositivas.

Para llegar a ese nivel se requiere mucho dominio. Lo alcanzarás algún día, cuando hayas practicado mucho. Será el nirvana. Pero por ahora, creo que los consejos de este libro te vendrán mejor.

Video: para ver la charla en español de Robinson basta poner en Google "ken robinson escuelas creatividad". En la página web de TED está transcrita a multitud de idiomas.

13. EL TESORO OCULTO

Sara, una de mis alumnas, había terminado la universidad y decidió irse un verano a trabajar a un pueblo de Reino Unido para aprender inglés. Sara nos explicó en una clase de oratoria y presentaciones, que su albergue no era tan hermoso como parecía: había gente rara de otros países que ni siquiera hablaban inglés. Había una anciana loca que fumaba y bebía. Las sábanas de su cama estaban raídas y todo parecía caerse a pedazos. Incluso su sueño. Sara se echó a llorar en su habitación y la primera noche trató de buscar por internet un vuelo para huir de allí. Pero algo la detuvo: no quería regresar como la chica que no había afrontado una crisis. Como se pasaba todo el día llorando, los huéspedes comenzaron a acercarse a preguntarle qué le pasaba. Así conoció a ucranianos, congoleños, taiwaneses y a toda una fauna de personas que, como ella, tenían sus propias y extrañas vidas. Sara trabajó vendiendo carcasas de móviles en la calle y luego encontró empleo en un supermercado. Se hizo amiga de todas las personas del albergue, incluso de la anciana loca. Al volver a su tierra, Sara era otra persona. Descubrió que hasta entonces había vivido encerrada en una cáscara de nuez, y que había prejuzgado a otras culturas y a otras personas. Fue su revelación.

Los cuentos que te encaminan hacia una revelación interior y que te descubren un tesoro oculto, son los que tienen más éxito. Pensamos que sus enseñanzas pueden servirnos también. No las olvidaremos nunca.

¿Podemos clasificar las charlas?

Hay muchos tipos de charlas, pero las básicas son:

Formativas: cómo mejorar como personas con alguna habilidad.

Descubridoras: os voy a mostrar el Brasil desconocido.

Informativas: qué está pasando en China.

Las ajá: aquellas en las que sales aprendiendo algo nuevo que comentarás por la noche en la cena.

Motivacionales: en las que descubres algo revelador en tu interior, tu tesoro oculto.

Las que mejor funcionan son las motivacionales pues nos enseñan que todos tenemos un tesoro oculto. Un buen presentador debe sembrar esta idea en cada una de las cabezas de su audiencia. Aunque no lo creamos, podemos lograr muchas cosas si confiamos en ese tesoro oculto que un día descubriremos. Son charlas que dan lugar a una transfiguración colectiva.

La charla de Randy Pausch es un ejemplo de charla motivacional. Titulada "La última lección", ya tiene millones de visitas en YouTube. Se trata de una charla de este profesor de Computación de la Universidad Carnegie Mellon impartida en 2007.

Randy Pausch avisaba al inicio de su presentación de que le quedaban pocas semanas de vida. Tenía cáncer de páncreas. Para demostrar que aún gozaba de buena salud, Randy se puso a hacer 'planchas' sobre la tarima del auditorio. También se puso un sombrero de mago; un chaleco de vaquero con flechas clavadas en la espalda; y hasta hizo traer una enorme tarta de cumpleaños en honor a su mujer, que estaba entre la audiencia.

La presentación está llena de frases motivacionales: "Experiencia es lo que obtienes cuando no obtienes lo que quieres".

"No temas arriesgarte: El oro de mejor calidad suele estar en el fondo de cedazos llenos de basura".

"Aprovecha los consejos de la gente que te rodea".

"No te quejes".

"Sé bueno en algo: eso es lo que te hace valioso".

"Encuentra el lado positivo en todos, no importa cuánto tardes en encontrarlo".

"Fórmate y prepárate: la suerte es el sitio donde la formación se encuentra con la oportunidad".

Y sobre todo, el que más me gustó es muy sencillo: "Trabaja duro". ¿Por qué me gustó? Porque es la base de la superación. La prueba es que mucha gente le preguntaba a Randy Pausch dónde estaba el secreto de su éxito, pues se convirtió en un profesional reconocido y en una de las 100 personas más influyentes de EEUU. Y él respondía: "Llámame un viernes por la noche a mi oficina y te lo explicaré". Es decir, cuando el resto del mundo descansaba, él seguía trabajando.

Tras morir, se publicó un libro con sus enseñanzas y fue elegido el ejemplo del año.

Haz la prueba: busca ese hecho vital que te transformó, ese viaje alucinante que nunca olvidarás, o esa persona extraordinaria que conociste. Escribe unos cuantos folios sobre ello. Luego, léelos a un grupo de amigos. Si captas su atención, también podrás cautivar a una audiencia. Prepara una charla con diapositivas sobre ese tema (o sin ellas, si eres capaz).

14. FRASES QUE DEBES EVITAR

Nunca digas: "Y ahora voy a detenerme un ratito para explicar....". La gente pensará que vas a soltar un rollo. Es mejor que empieces a contar 'ese rollo' sin avisarles.

Trata de evitar frases como "Nos les vengo a dar la lata", porque ya les estás dando la lata y reduces el interés de tu charla.

"Uf, a ver, que no leo bien". Esta es una de las peores frases porque denota que no has preparado bien ese momento.

"Voy a tratar de no aburrir", "veo que se está aburriendo alguien aquí", "espero que no se aburran mucho"...

Todas esas frases que contienen la palabra 'aburrir' hacen que la audiencia desconecte de tu discurso.

También es destructivo sacar unas notas arrugadas del pantalón y decir: "He preparado unas palabras justo antes de empezar". El público sentirá que no le tienes respeto.

Si vas a hablar de cuestiones históricas trata de decir de lo que sabes y no confundirte: "Los filósofos griegos más famosos son Platón, Aristóteles y **Santo Tomás de Aquino**".

Si vas a hablar de cifras, tienes que ser exacto porque alguien del público puede sabérselas mejor que tú, y corregirte. "No señor, el PIB de Alemania no es el que usted dice".

Una de las cosas que más enfada al público es cuando el orador dice: "Voy a ser breve". Y en lugar de eso, habla sin parar. Tienes que ajustarte a tu promesa.

15. CÓMO USAR LOS SILENCIOS

El 9 de enero de 2007 se celebró en San Francisco, en California, la Conferencia MacWorld, donde se esperaba que Apple anunciase una gran novedad.

Antes de pronunciar la primera frase, Steve Jobs dio varios pasos en silencio sobre el escenario. Cientos de ojos le seguían como si estuvieran aguardando una revelación maravillosa. "He estado esperando este momento durante dos años y medio", dijo Jobs. La gente tragó saliva. Jobs dio unos pasos más sumido en un silencio reflexivo y añadió: "Cada cierto tiempo, nace un producto revolucionario que cambia todo".

Fue el bautizo del primer iPhone. Esta presentación se exhibe en las escuelas de negocios como un modelo donde el orador usa toda clase de trucos para elevar y mantener la atención del público. Para mí, el truco más destacado de esa charla fue el uso de los silencios.

Las pausas y los silencios tienen un poder hipnótico. En las películas, crean el ambiente de tensión que antecede a una escena decisiva. En el mundo de la magia, es el suspense previo al truco inesperado.

Los silencios se pueden intercalar en cualquier momento. Siempre funcionan. Hazlo en medio de tu presentación, cuando quieras cambiar, por ejemplo, de capítulo o saltar de tema.

Usa las pausas cuando notes que el público se está aburriendo. Tras estar escuchando el mismo tono de voz durante varios minutos, el público suele perder el hilo de la charla. El corte producido por ese momento de silencio despierta los sentidos. Alzan las cabezas, miran al ponente, se dan codazos: ¿qué pasa?

Y si introduces una pausa antes del final, aumenta la apoteosis. "¿Y cuál creen que fue la lección que aprendí de todo esto que les he contado?". Entonces, quédate callado diez segundos. El público abrirá los ojos y quedará expectante. En ese momento debes atacar el final con una conclusión que les llegue al alma: "Que en los momentos difíciles es cuando descubres la bondad de tus amigos. Gracias".

Hay silencios que matan una presentación. Son los que surgen cuando falla una cuestión técnica, y nos vemos hacemos obligados a hacer una pausa. O cuando hacemos una pregunta al público, nos damos la vuelta y vamos anotando las respuestas en la pizarra sin articular palabra. Ese silencio aburre al público. Es mejor escribir y hablar en voz alta a la vez.

Haz la prueba: en medio de tu charla, quédate unos segundos sin decir nada para que veas cómo aumenta el nivel de atención del público.

Haz la prueba: entra en el auditorio sin decir nada, y sitúate en el centro. Quédate callado para que veas cómo todos los ojos se centran en tus primeras palabras. Máxima tensión.

16. LA CAJA MISTERIOSA

Diego Ruiz se presentó con una caja de cartón. La puso sobre la mesa. Empezó a hablar de barbacoas.

"Todos los años, con la llegada de buen tiempo, solemos hacer barbacoas. Para encenderlas, usamos varios productos".

Diego empezó a sacar cosas de la caja. Primero un papel arrugado.

-Por ejemplo, las encendemos con papel de periódico y una cerilla. O bien con gasolina. (Sacó un bote de kétchup simulando que contenía gasolina). O con pastillas. (Sacó una pastilla para encender barbacoas). Pero son productos que dañan las barbacoas: unos tienen tinta, otros derivados del petróleo o no son fáciles de conseguir. Pero ahora imaginen un encendedor de barbacoas que esté hecho de un producto reciclable, sostenible y natural. E imaginen que ese producto, al encenderse, usara un principio de la física que le dota de un poder de ignición insólito que es capaz de transmitir mucho calor al carbón y prenderlo rápidamente.

Diego fue a la caja y extrajo un cartón lleno de agujeros.

-Les presento Coa-Coa. Es un encendedor de barbacoas hecho de papel y cartón reciclado y que se consume sin producir contaminantes. Primero doblamos este cartón y formamos un cilindro. Echamos dentro una cerilla, y gracias a los agujeros, se crea por medio del efecto Venturi un centro de calor que enciende muy pronto nuestra barbacoa.

Usando el truco de la caja misteriosa, Diego consiguió ganar el Concurso Nacional de Elevator Pitch de España y se llevó 3.000 euros (más de 3.200 dólares). Siguió ganando concursos usando el truco de la caja misteriosa, y consiguió que una universidad le cediera un laboratorio para proseguir sus experimentos.

> **Conoce a Coa-Coa, una startup revolucionaria y ganadora de My Elevator Pitch 2015**
>
> Publicado el: jueves, 18 de junio, 2015
>
> **Coa-Coa** es una empresa que nació a raíz de una comilona entre amigos. Encender una barbacoa era complicado y una idea, junto a un producto, cambió la forma de hacerlo. Ahora ya es sencillo gracias a labor de unos chicos con grandes expectativas y un proyecto en común. Entre ellos, **Diego Ruiz y José Manuel Mateos**, dos exestudiantes de **EAE Business School** con los que hemos hablado:

El truco de la caja misteriosa o de la caja mágica es uno de mis preferidos porque procede del espectáculo de los magos. Una caja misteriosa puede ser cualquier cosa: una mochila, una bolsa, incluso algo pequeño como una cartera o un paquete. Solo hay que ponerla a la vista del público, haciéndoles entender que contiene algo increíble.

Una vez vi un video de una presentación donde la conferenciante, una mujer mayor, había depositado un bolso grande a sus pies. Bastó ese detalle para aumentar la intriga pues la gente se decía: "¿Por qué habrá traído esa señora ese bolso tan grande?". "¿Será que no se puede separar de él porque es muy antigua?".

Al final, abrió el bolso y saltó un perrito que huyó del escenario. Eso era todo pero causó una agradable carcajada en el publico. Seguro que no lo olvidarán en su vida.

Cuando hablo de caja misteriosa, en el fondo hablo de cualquier objeto que uno pueda emplear para atraer la atención. Funciona. La prueba es que cuando intentamos atraer la atención de un bebé o un perro, mostramos un objeto desde un sonajero a un hueso de plástico.

J.J. Abrams, el creador de *Perdidos (Lost)*, se presentó en el escenario y sacó de su mochila una caja de cartón con una enorme interrogación. Era una Caja Misteriosa que había adquirido cuando era niño por 15 dólares en una tienda de magia. Y desde entonces no la había abierto. ¿Por qué no la había abierto? Porque descubrió que esa era la magia: representaba algo potencial. "El misterio es el catalizador. El misterio es más importante que conocer las cosas, y eso fue lo que apliqué a *Lost*".

Según Abrams, la mejor forma de mantener el interés de los espectadores en *Perdidos*, era con altas dosis de misterio.

Lo importante es despertar el interés y renovarlo. He visto presentaciones en las que el ponente hace una pregunta al principio y va revelando poco a poco la respuesta. Incluso he estado en charlas en las que alguien venía con una mochila, la ponía sobre la mesa y decía: "La clave de lo que voy a contar está en esa mochila". Y al final, iba sacando un montón de cosas de la mochila.

Esa misma técnica se usa en muchos reportajes, en las novelas, en los cuentos cortos y yo diría que en los discursos y hasta los correos electrónicos. Funciona a pesar de ser tan básica. Cuando alguien me pregunta cómo se puede mantener el interés de un artículo o de una presentación, le digo que una de las fórmulas es la del misterio.

Haz la prueba: esconde algo en una caja que puedas mostrar durante o al final de tu presentación y que te sirva para acentuar tu discurso. Puede ser una tarjeta con una cifra ('10%', por ejemplo, si quieres incrementar las ventas), una palabra que resuma el objetivo de tu charla ('Éxito', por ejemplo), o un objeto cotidiano como un móvil.

Videos: busca en YouTube "abrams mistery box".

17. TÉCNICA DE LAS PREGUNTAS

La forma mas sencilla de empezar una presentación es con una pregunta. La mejor pregunta suele ser 'por qué'.

¿Por qué nos encanta vivir en ciudades abarrotadas? ¿Por qué nos empeñamos en ser infelices? ¿Por qué es tan difícil crear un buen ambiente en la oficina?

Pero podemos empezar con cualquier pregunta: ¿Podremos cumplir con nuestros objetivos? ¿Saben cuáles son las claves del éxito? ¿Cómo reconstruir una vida rota? ¿Cuánto vamos a ganar este año?

Las preguntas deben ser claras. Todos deben entenderlas a la primera.

Cuidado con hacer preguntas 'comprometedoras' como plantear si hay algún homosexual en la sala. La audiencia se echará para atrás y te quedarás sin respuesta. Son cosas muy personales.

Si quieres aumentar la claridad de la pregunta, plantéala con un caso ejemplar: "Supongamos que somos extraterrestres y venimos a la tierra. ¿Cómo distinguiríamos la vida inteligente?".

Puedes hacer preguntas sin esperar respuesta de la siguiente forma: "Voy a hacer una pregunta en alto pero no quiero que me respondan. Mediten la respuesta". Son preguntas retóricas. La audiencia solo debe limitarse a escuchar.

Es muy arriesgado hacer preguntas al público y esperar una respuesta espontánea, especialmente en una charla matutina, porque a las ocho de la mañana no tenemos ganas de hablar. Si quieres que el público responda, no lances una pregunta al aire como '¿qué piensan ustedes de...?', sino debes invitar a alguien en concreto a responder señalando a esa persona con educación.

Lisa B. Marshall recomienda no presionar con insistencia a la audiencia al final con la frase de "si tienen preguntas" porque a veces no les damos tiempo para pensar. Propone que nos quitemos la chaqueta y nos sentemos sobre la mesa. Y que sigamos hablando pero expresando con los brazos y las manos que estamos abiertos a las preguntas.

El peligro de las preguntas 'al público' es que respondan lo contrario de lo que esperábamos. Es lo que le pasó a Daniel Tammet. Preguntó al público si la palabra islandesa 'Hnugginn', significaba algo triste o algo alegre, y el público respondió que alegre. Pues no. Era triste. Daniel no se inmutó y aclaró que la mayoría de la gente afirmaba que era una palabra triste.

¿Qué haces en estos casos? Reírte de ti mismo y aclarar: "Este es el momento en que el conferenciante se pone rojo de vergüenza y admite que la prueba ha fallado". O también: "¿De dónde han salido ustedes? ¿Todo el mundo responde que es triste? ¿Por qué demonios arruinan mi presentación? Bueno, es una broma. El caso es que les aseguro que la mayor parte de las veces la gente a la que le hago esta pregunta dice que le suena a algo triste, lo que pasa es que ustedes están en estos momentos de buen ánimo".

Cuando estés anotando respuestas en la pizarra (opiniones del público), evita los silencios aburridos, porque al dar la espalda al público, la atención decae y la gente se pone a cuchichear. Es mejor que sigas hablando en alto, y comentando la respuesta que estás escribiendo, aunque estés de espalda.

Una de las preguntas más eficaces para empezar una presentación es ¿sabían que....? Por ejemplo: "¿Sabían que el petróleo salvó a las ballenas de una segura extinción?".

Mejor que preguntar "¿alguien ha oído hablar alguna vez de los triglicéridos?" es decir, "para los que no sepan o no hayan escuchado nunca nada sobre los triglicéridos les diré que....". Con eso evitas que alguien se pierda esa información importante y le instruyes de forma elegante. Incluso a las personas que saben qué son los triglicéridos, no les importará que lo aclares. Pero hazlo rápido.

Recuerda que uno de los libros de filosofía más leídos es *La República*, el cual tiene más de mil preguntas porque es la forma que escogió Platón para explicar los problemas más relevantes del hombre.

Haz la prueba: escoge una vieja presentación y prepara una batería de preguntas. Comienza con ellas.

Video: Simon Sinek tiene una célebre charla que comienza con una batería de preguntas. Puedes verla en Youtube poniendo "simon sinek líderes inspiran acción".

Ejemplos: escoge una de las siguientes preguntas para empezar una charla o para plantear en medio de una charla.

Pregunta retórica: "Me pregunto cuántos de nosotros nos hemos levantado esta mañana aburridos por la rutina del trabajo".

Pregunta de concurso: "¿Saben cuántas personas nacen cada día en la Tierra?"

Pregunta de conciencia social: "¿Saben cuántas personas en África no tienen agua corriente ni aseos?".

Pregunta con cuento. "¿Les gustaría escuchar una historia alucinante?".

Pregunta con problema: "¿Sabían que nuestro departamento tiene menos dinero y personas que el año pasado, pero los mismos objetivos? ¿Cómo lo vamos a cumplir?".

Pregunta con intriga: "Nuestro departamento tiene menos dinero y personas que el año pasado, pero vamos a duplicar los resultados. ¿Quieren saber cómo?".

Pregunta con curiosidad: "¿Conocen algún sitio donde la gente viva a 52 grados bajo cero?".

Pregunta con enigma: "Todos ustedes saben leer y escribir, pero, ¿sabían que nuestro cerebro no está hecho para leer y escribir? ¿Cómo nos engaña?".

18. Practica, Ensaya, Repite

Seguro que has leído muchos consejos para mejorar tu forma de hablar en público pero el mejor es: practica sin descanso.

Practica en tu casa ante el espejo, practica en el salón ante tus amigos o solo, practica ante una cámara, ante tu móvil o tu computadora.

Practica, practica, practica.

No te canses de hacer ensayos y de corregir tus errores. Repite tu charla porque eso te dará más seguridad en la hora decisiva.

Los ensayos sirven para asociar palabras con movimientos del cuerpo y hacer la charla más eficiente. Jill Bolte Taylor ensayó más de 200 veces su charla sobre su derrame cerebral. Lo cuenta Carmine Gallo, uno de los especialistas en charlas de EEUU. Tengo la impresión de que Jill tomó clases de declamación y de actuación porque mueve las manos como si estuviera recitando una poesía, y declama con enorme potencia emocional.

No hace falta ensayar doscientas veces para lograr una buena charla. La mayor parte de nosotros necesita hablar en público para hacer una presentación sencilla, no para entusiasmar a las masas y que luego nos llamen para un programa de televisión. Pero antes de hablar en público, hay que ensayar varias veces (todas las que nos permita el tiempo). Cuanto más importante sea esa charla para nuestra vida profesional, más ensayos tendremos que hacer.

Los ensayos sirven también para controlar el tiempo. Los miembros de los tribunales que examinan los trabajos de maestría o de fin de grado, son muy exigentes en cuanto al tiempo. Pueden penalizar el exceso de tiempo.

Más adelante, en otro capítulo, explico otra forma de ensayar: es cuando tenemos que probar que las cosas están a punto, y que la presentación no va a fallar.

Haz la prueba: escoge una de las famosas charlas TED y trata de imitarla. Hazlo varias veces hasta que logres imitarla casi a la perfección. Eso te dará armas emocionales y gestuales para mejorar tus charlas.

19. Usa el 1% del Power Point

No somos diseñadores. Hacemos presentaciones en Power Point, Prezi o Keynote para enseñar algo rápido a los jefes y salir corriendo.

Con el 1% de la potencia de diseño de esos programas se pueden hacer buenas presentaciones sin ser unos magos del diseño.

Muchos esperarán que en este práctico manual les diga cómo usar las plantillas, los gráficos y hasta las animaciones. No es así. ¿Por qué? Porque eso es algo que cualquier persona puede aprender con un poco de curiosidad. Basta media mañana para conocer las herramientas de los programas de diseño de presentaciones..

Para mí, lo más importante es el relato o el *storytelling*. A continuación, lo más importante es mantener el hilo de la historia para que no decaiga la atención. Y por supuesto, la limpieza de la presentación. Limpieza quiere decir que no esté abarrotada de palabras o de gráficos.

¿Estamos preparados
para los grandes
cambios?

Por ejemplo, en la imagen anterior hay varios trucos: frase corta (de menos de 15 palabras); con una palabra resaltada en negrita y de mayor tamaño (la palabra 'cambios', para centrar la atención del ojo humano); con fondo blanco (podría ser también al revés); con una pregunta; y con mucho espacio libre.

Cambios tecnológicos en la historia

Usted está aquí

Año 1000   Año 1500   Año 2000

En la imagen de arriba hay nuevos trucos: un gráfico 'zen', es decir, muy limpio y sin barras de coordenadas; tres colores (negro, azul y rojo), unos textos cortos y claros; una flecha que dirige la atención; y una conclusión que deduce el lector por su cuenta: "Caray, si hemos acumulado tantos cambios en los últimos doscientos años, en los próximos serán aún mayores".

Si dispusiéramos de un lector de seguimiento ocular estoy casi seguro de que –en esa diapositiva– los ojos mirarían primero al texto que aparece junto a la flecha. A continuación, al encabezamiento y, por último, a los años. En cinco segundos el lector debe 'comprender' el mensaje. Si lo abarrotamos de mensajes y señales, tardará más tiempo, se esforzará mucho y dejará de prestar atención.

Hacer todo eso con sencillez en una diapositiva ha supuesto solo unos minutos de trabajo. Los consejos de este manual van por ese camino: diseños fáciles, empleo del 1% del programa de diseño y ahorro de tiempo (y de dinero).

Los programas como Power Point, Prezi o Keynote son muy intuitivos: aprendes a usarlos en unos minutos. Si quieres insertar fotos o videos verás solo tienes que buscar esas palabras en la barra de herramientas.

Dicho esto, tengo que añadir que nos encanta ver buenas presentaciones: bien diseñadas, con animaciones, con imágenes espléndidas, y con una hermosa combinación de colores. Una de las mejores presentaciones del mundo no la hizo un ejecutivo de una multinacional sino un grupo de expertos diseñadores.

Se titula *Shift Happens* (podría traducirse como "El cambio está ahí"). La primera versión se hizo en 2006, en un colegio de EEUU. El profesor quería avisar a sus alumnos de los rápidos cambios del mundo moderno. Muy pronto su presentación se convirtió en un fenómeno viral. Una firma de diseño llamada xPlane se ofreció a mejorarla. La nueva versión ha sido vista millones de veces. Tiene un diseño espectacular. La puedes ver en slideshare o en YouTube poniendo 'Shifthappens'.

Haz la prueba: trata de imitar la presentación *Shift happens* con una idea particular. Puede ser tu país, tu ciudad o tu región en cifras. Verás que solo vas a utilizar el botón de tamaños, los colores de fondo y figuras prediseñadas o que se pueden encontrar en internet.

65

20. El Punto de Atención

Si quieres entender cómo funciona la atención humana debes aprender estas dos lecciones:

Primera: los ojos solo pueden centrarse en un punto en el espacio de modo que tienes que diseñar tus diapositivas pensando en ese punto. Lo que hay alrededor aparece borroso.

Segunda: la visión humana es progresiva. Nos fijamos en un punto; luego, en otro; y en otro. Lo hacemos a enorme velocidad. Es la forma con que nuestro cerebro reconoce un paisaje, un cuadro o una cara.

Lo mismo sucede cuando leemos: nuestros ojos saltan de forma lineal y consecutiva por los grupos de letras hasta reconstruir el sentido del texto. No leemos una página en bloque. Eso es imposible.

Entonces, ¿por qué insistes en meter tantas cosas a la vez en tu diapositiva? Una presentación con diapositivas no es un libro. Es más parecido a una película. Hay un proyector de luz, una pantalla, una secuencia de imágenes y, por último, el público que mira y escucha,.

Cuando diseñamos presentaciones solemos caer en el error de mostrar desde el principio un montón de información con gráficos, imágenes, cifras y textos que la mente humana no puede procesar.

Tantas cosas en la retina desorientan al ojo humano: no sabe qué hacer. Va saltando de un lugar a otro sin orden. Nadie le ha dado instrucciones. Resultado: desconecta. La prueba de que, desde el punto de vista cognitivo, no podemos procesar tantas cosas, es que las señales de tráfico son sencillas y suelen aparecer poco a poco en la carretera.

Si entiendes que nuestro cerebro procesa la información visual por pasos, modificarás para siempre tus presentaciones con diapositivas.

El primer consejo es que introduzcas la información en tus diapositivas paso a paso: es más eficaz que mostrarla de golpe. Imagina que tienes que exponer las razones por las que el tráfico en Bogotá es insoportable. Primero lo enuncias en la cabecera de la diapositiva:

Los famosos 'trancones' de Bogotá

Y luego, van a apareciendo las razones a medida que aprietas el mando inalámbrico.

Veamos unos ejemplos:

Los famosos 'trancones' de Bogotá

Los famosos 'trancones' de Bogotá

- Porque no hay Metro

Los famosos 'trancones' de Bogotá

- Porque no hay Metro
- Porque viven 10 millones de personas

Los famosos 'trancones' de Bogotá

- Porque no hay Metro
- Porque viven 10 millones de personas
- Porque llueve casi todos los días

No metas las tres razones a la vez en la misma diapositiva, sino una por una. Con ello, eres tú quien controla la mirada del público. Le ayudas a procesar mejor esa información.

Puedes obtener un resultado parecido resaltando un aspecto de la diapositiva o un *bullet point* y degradando el resto en tonos más tenues. Yo no lo recomiendo porque vas a tardar más tiempo en diseñar tu presentación.

Mantener la atención del público es fácil siempre que se lleven a cabo ciertos trucos. Puedes dirigir los ojos de los espectadores adonde quieras creando animaciones dentro de las diapositivas, haciendo surgir elementos y señalando zonas con tu propia mano. ¿Cómo se hace? Buscando la pestaña de animaciones. Verás la cantidad de posibilidades. Solo tienes que aprender jugando con ellas hasta encontrar la que te guste. Las pruebas realizadas en cine mediante seguimiento ocular demuestran que las pupilas se dirigen a las caras y al movimiento.

Si quieres crear el efecto de caos, puedes diseñar una diapositiva llena de imágenes: por ejemplo, un *collage* de fotos de coches amontonados, postes de luz caídos, etc.... Los espectadores de la sala dirigirán la mirada de forma caótica sobre la diapositiva. En ese momento tienes que aclarar que es la destrucción producida por un terremoto.

La mirada humana es bastante caprichosa. Si aparece en una diapositivas la figura de un ser humano, la mirada suele empezar por el reconocimiento facial. Luego el cuerpo. Y al final, el entorno.

Cuando no hay seres humanos en una diapositiva, a pesar de que haya imágenes, es bastante impredecible el comportamiento ocular, pero algunos estudios indican que suele ir de abajo arriba de la imagen. Cuando se combinan textos con imágenes, en una diapositiva, primero nos dirigimos a las imágenes y luego leemos el texto.

Tendemos a fijarnos más en los seres humanos que adoptan posturas dinámicas que en los que aparecen estáticos.

En caso de que sea un video, los estudios realizados con aparatos de seguimiento ocular son bastante elocuentes: la mirada humana se dirige a lo que se mueve, sea lo que sea. La razón es muy sencilla: en los comienzos de nuestra evolución aprendimos que lo que se movía era algo que podíamos comer o nos podía comer.

Cuando aparece un ser humano en una película, la mirada de los espectadores se dirige a la cara; y si el personaje gesticula, nos fijamos también en sus manos.

Los análisis realizados en espectadores de cine revelan que casi todas las miradas se dirigen al mismo sitio simultáneamente. ¿Adónde? Al rostro, a las manos y a los movimientos. Cuando la imagen es estática y no contiene seres humanos, la mirada rastrea con curiosidad por todas partes del fotograma en rápidos movimientos.

Además, el ser humano se mueve por la ley del mínimo esfuerzo. Si algo le supone demasiadas calorías de atención o demasiada fuerza ocular, deja de mirarlo. Aunque sus ojos estén allí, su mente está en otro sitio.

Por eso, la atención es lo más fácil que se pierde en una presentación. En su libro *Brain rules* ("Las reglas del cerebro", que ha sido traducido como "Exprime tus neuronas"), el médico John Medina cuenta que uno de sus estudiantes le confesó que perdía la atención a los 10 minutos en una clase de 50 minutos de duración.

Cuando, en medio de tu presentación, veas que aumenta el número de personas que consulta su móvil, es que han perdido la atención.

Haz la prueba: toma una copia de una antigua presentación y trabaja sobre ella de la siguiente manera. Primero, haz que entren los elementos paso a paso. Prezi, Power Point y Keynote tienen pestañas o botones que permiten hacerlo con facilidad. Luego, ponla en tu PC o Mac, y haz que pase automáticamente. Ahora, compárala con tu vieja presentación. Notarás la diferencia a pesar de que no has cambiado el diseño.

21. Humaniza tu Presentación

En una Convención Nacional de Recursos Humanos la responsable de una compañía de seguros expuso las ventajas laborales de sus trabajadores: ayudas por hijo, cheques para libros, préstamos para comprar coche, computador, casa y hasta ayudas para aquellos empleados que conviviesen en casa con personas mayores con enfermedades crónicas. Era una empresa ejemplar.

"Pero todo el mundo salió hablando de la presentación de Google, no de la mía", me dijo la directora. ¿Y qué presentó Google? "Empleados en sillones vibratorios, gente comiendo albóndigas suecas en el restaurante de la compañía, y jóvenes jugando al futbolín en momentos de relax. Nuestras ventajas laborales son mucho mejores".

Pedí a la directora que me mostrase su presentación y lo entendí: no había un solo ser humano en sus diapositivas. Solo números, frases y estadísticas.

"Si eres directora de Recursos Humanos, ¿dónde están los humanos?", le dije.

Tendemos a hacer presentaciones deshumanizadas. No hay seres humanos. No aparecen personas. No hay caras. Nada de nada.

Una vez una ejecutiva de una compañía telefónica multinacional me mostró su presentación: debía mostrar a sus jefes, los planes del año siguiente y los miembros de su equipo. Por ejemplo, en el texto decía: "ingeniero industrial", "experta en ciberseguridad"; "abogada responsable de copyright", etcétera.

Solo cargos y títulos.

> **Equipo de mi departamento**
> - Una ingeniero industrial
> - Una especialista en derechos de autor
> - Una experta en ciberseguridad
> - Número de casos: 320.
> - Problemas: lagunas en la ley
> - Objetivos: reducir indemnizaciones

¿Dónde estaban sus caras? ¿Es que eran muy feos?

Cambiamos en dos minutos la presentación introduciendo caras de seres humanos. En grande. Y pusimos, globos de texto, como en los cómics.

> **La virtud de María Pérez**
>
> Tengo 34 años
> Soy abogado
> Llevo 3 años en esta empresa.
> ¿Mi especialidad?
> Derechos de autor
>
> @stockimages by freedigitalphotos.net

Con ese sencillo retoque, la presentación pasó de la mediocridad a la humanización. Al mundo lo mueven los seres humanos: ¿por qué les borramos las caras?

Se han hecho muchos estudios sobre la fijación de la mirada humana. Uno de ellos realizado sobre famosas pinturas en los museos, demostraba que cuando hay imágenes de seres humanos aumenta la atención del espectador.

Haz la prueba: toma una de tus viejas presentaciones y trata de meter seres humanos. No seas tímido con las fotos. Ponlas en gran tamaño. Puedes combinarla con números, por ejemplo, poniendo una cifra al lado de la imagen de una mujer para mostrar el porcentaje de mujeres en los consejos de administración. Busca cualquier excusa para meter esas imágenes. Luego, muestra tu vieja y tu nueva presentación a una tercera persona y pídele su opinión. Verás que le gusta más la segunda versión. La has humanizado.

22. Trucos para Animar tu Presentación

En su presentación en el evento CommCorp de Medellín, Juan Merodio agarró un osito de peluche y lo lanzó al público. "Al que lo agarre, le regalaré uno de mis libros", dijo este español, experto en marketing digital.

Sencillo y eficaz.

Existen muchas formas de animar una presentación. En el mismo evento, yo hice repartir un folio a cada uno de los 400 participantes para hacer ejercicios de Pensamiento Visual 'en vivo y en directo'.

Lo más fácil de una presentación es mantener la atención del público. Solo hace falta un poco de imaginación. Lo más grave es perder la conexión con el público.

Al comienzo de su charla en TEDxGranVia en Madrid, en octubre de 2014, Gonzalo Álvarez mandó elevar el volumen del sonido: se escuchó una sintonía de película de terror. Gonzalo entró por la puerta de atrás del auditorio, disfrazado con una máscara de Medusa, y fue asustando al público situado a ambos lados del pasillo. El motivo de su charla era "Cómo perder el miedo a dar una charla".

En una charla que di en Caracas para un canal de televisión, mandé apagar todas las luces del auditorio. La presentación tenía un fondo negro. Era un Curso de Objetividad para periodistas. Las dispositivas comenzaban con una alegoría terrible: el viaje de Dante a los infiernos. Mi objetivo era demostrarles que la objetividad periodística era un viaje difícil en el cual uno debe cruzar muchos obstáculos del inconsciente.

He llegado a usar dedos falsos (con luz), cartas del Tarot y hasta un simple teléfono móvil, como el que usé al final de TEDxGranVia para hablar del futuro. Una charla ante el público es lo más parecido a un acto de magia.

Quizá lo anterior suene un poco arriesgado pues en el mundo de la empresa, presentar resultados como si fueran actos de magia es contraproducente. Hay formas más sencillas, como la presentación del chileno Alfredo Osorio –experto en marketing–, que empezó su charla en Endevour para emprendedores en Bogotá con una provocación: "Les tengo una mala noticia: el 90 por ciento de ustedes va a fracasar".

Cuando preparo a estudiantes para hablar ante los tribunales de fin de grado o de maestría, trato de pedirles que me traigan algo sencillo como algún objeto relacionado con su presentación. Carlos, un chico que terminaba ingeniería, tenía que hablar en su trabajo de fin de grado sobre el teleférico que había diseñado. Le hice comprar un cable de acero. Carlos, muy tímido, mostró ese cable al tribunal para explicar la importancia de sustentar el vagón a varios metros de altura, para resistir la gravedad y los vientos. Ese simple gesto gustó al tribunal, lo cual, junto con un rediseño de su presentación, le ayudó a obtener matrícula.

Un grupo de tres chicas de una maestría de Comunicación de EAE Business School en Madrid presentaban el plan de expansión de un calzado femenino hecho de yute. Comenzaron a hablar ante el tribunal sobre las ventajas del yute, una fibra natural, sostenible y resistente. Luego sacaron una sandalia de yute y mostraron sus cualidades. A continuación, expusieron el plan de comunicación. Se metieron al tribunal en el bolsillo con el simple gesto de mostrar el yute.

==Se trata de ser sencillos.== Todos pueden hacerlo.

Cuidado: si llevas un objeto y lo pasas al público, se pondrán a pasarlo de mano en mano y perderán la atención en tu charla. ==Es mejor mostrarlo y guardarlo.==

Haz la prueba: si tienes una presentación antigua, busca un objeto que puedas relacionar con alguna parte de la misma. Sácalo en determinado momento y muéstralo.

23. Diseño de Diapositivas

¿Cuántas diapositivas debe contener una presentación de 20 minutos?

Las que quieras. Hay expertos que aconsejan poner menos de diez. ¿Por qué? He visto presentaciones excelentes con muchas diapositivas, pues el orador deseaba crear un efecto muy dinámico entre su público. También he visto magníficas presentaciones con tres o cuatro diapositivas.

Cuando se intentan resumir largas presentaciones en pocas diapositivas, se suele incurrir en el defecto de abarrotarlas de texto, imágenes o gráficos.

Lo que debes tener claro es que las diapositivas no cuestan dinero. No son páginas de celulosa. Puedes meter las que quieras.

Es mucho más importante saber cuál va a ser el diseño de cada diapositiva. Ya he dicho aquí que no hay reglas de oro en esta técnica, como no las hay para pintar un cuadro. Pero creo que ciertos consejos pueden servir para allanar el camino:

–Puedes poner cualquier color de fondo. Lo importante es conocer el contraste de colores.

–Si no eres un mago del diseño, te aconsejo fondo blanco o fondo negro.

–El fondo negro suele descansar más la vista del público.

–Mete una idea por cada diapositiva.

–No importa el número de diapositivas.

–Hay expertos que recomiendan no emplear más de seis objetos por diapositiva. Un objeto puede ser el titular. Otro, una frase. Y otro, una imagen.

Las diapositivas están hechas para verse, no para hacer cálculos. ¿Qué quiere decir esto? A veces, los presentadores obligan a su audiencia a hacer cálculos basados en cifras u objetos incrustados en sus diapositivas: "A ver, calculen cuál es la cifra de rentabilidad si dividimos esta de ingresos por la de beneficios".

Se calcula que estos planteamientos incrementan el esfuerzo del público en un 500%. Una cosa es captar la atención y otra es forzar la atención.

–Las diapositivas con mucho texto se olvidan en 30 segundos. Por eso hay que destacar algo importante o aislarlo del resto para que tenga más posibilidades de ser recordado.

El experto David J.P. Philips dice que nuestra memoria de trabajo (a corto plazo) recuerda las diapositivas tan mal como los billetes de tren: por más que miremos el vagón y el asiento una vez, miraremos el billete seis veces más antes de sentarnos porque olvidamos las cifras rápidamente.

Haz la prueba: un truco para saber si una presentación es clara consiste en pedir a una persona que nunca la ha visto, que haga ella misma la presentación usando nuestra secuencia de diapositivas y hablando de lo que se le ocurra. Suele ser una prueba de claridad.

24. Cómo Usar Imágenes

Uno de mis estudiantes hizo una vez una presentación sobre los platos típicos de su país, Perú. La gastronomía peruana está conquistando el mundo pues los peruanos preparan las papas (patatas, en España), de mil formas exquisitas.

El alumno quiso meter tantos platos en una sola dispositiva, que no vimos ninguno. Tenían un tamaño diminuto. Éramos incapaces de ver las diferencias.

¿Por qué no metes un plato por diapositiva?, pregunté.

"Es que me saldría una presentación muy larga", respondió. ¿Larga? Si te vas a entretener hablando de cada uno de los platos, es mejor destinar una dispositiva a cada imagen.

Este es uno de los errores típicos de las presentaciones con imágenes. Los ponentes las agrupan en pocas diapositivas, de modo que el ojo humano no distingue nada.

Es mejor ser espléndidos, mostrar las fotos en grande en varias diapositivas. En caso de que quieras añadir texto lo puedes sobreimpresionar.

La regla de oro de una imagen es que hay una medida mínima a partir del cual, el ojo humano no es capaz de distinguirla con claridad.

Para saber cuál es esa medida, basta con que te separes dos metros de la pantalla del computador para comprobar si puedes distinguir perfectamente el contenido de la imagen. Si puedes verla perfectamente, entonces el público en el auditorio también podrá hacerlo.

La única regla que debes cumplir es que la persona más distante de la pantalla pueda distinguir la foto más pequeña de la diapositiva.

Muchas imágenes que circulan por internet tienen derechos de autor. No se pueden emplear libremente sin consultar al autor y comprobar los permisos que concede. Para estar más seguros, existen muchas páginas digitales que ofrecen imágenes gratis o por una cantidad moderada. Son además de gran calidad. Basta poner en Google "free photos".

Una página llamada freedigitalphotos.net ofrece imágenes gratuitas. Exigen como condición que se cite al autor y a la propia web. Esas fotos también las puedes comprar. ¿Por qué comprarlas? Porque las gratuitas solo se ofrecen en la versión con menos resolución. Aun así, yo las he usado sin problema.

¿Y qué resolución es la mejor? Si la foto va a ocupar toda la diapositiva, el programa Power Point recomienda una resolución de 1024x768 píxeles. Si va a ocupar la mitad, pues se divide por dos: 512x384 píxeles.

Una foto de 1024x768 puede tener 1 megabyte. A partir de ese tamaño, cargar fotos en una presentación suele ralentizarla. Cuanto más pesadas las fotos, más complicaciones pueden dar en el momento decisivo.

Las presentaciones que pesan más de 16 megabytes tienen problemas para ser enviadas por correo electrónico. Hay muchas formas de enviar esas presentaciones 'pesadas' (wetransfer, dropbox, drive, etc), pero lo recomendable es hacerlas más ligeras para no encontrarse con bloqueos automáticos.

Puedes usar fotos borrosas pero tienes que explicar la razón: "Es una vieja foto de familia que tiene interés para esta charla"; "Es la única que se recuperó de un desastre…".

Las imágenes feas (pero necesarias) como hígados enfermos o accidentes no deben permanecer mucho tiempo a la vista. Pásalas con rapidez salvo que quieras estremecer al público para concienciarle de alguna causa social.

Las imágenes (como la de que se muestra antes) que contienen personas son más eficaces que las imágenes compuestas solo por objetos.

Puedes poner muchas fotos en una diapositiva si tu idea es crear la sensación de caos como para hablar de un terremoto.

Si muestras al principio la imagen de una persona (por ejemplo, una niña) que esté relacionada con la historia, tienes que contar al final qué le pasó. La gente siempre quiere saber qué le pasa a los personajes principales. Como en el cine.

Haz la prueba: escoge tu último viaje y cuéntalo en diapositivas. Usa unas diapositivas solo para el texto (muy corto, como el cine mudo), y otras solo para las imágenes. Verás que es como una película.

25. Cómo Usar Videos

Cuando la presentación incluye videos, el peso (medido en megas) de la misma se dispara. Mucha gente prefiere enlazar la dispositiva a un video colgado en internet, en YouTube. Eso tiene el problema de que si falla la conexión a internet, no podrás mostrar el video.

Lo ideal es descargar los videos a tu computadora en la resolución más baja. Hay páginas que descargan videos de YouTube y los convierten a la resolución que queramos. Una de ellas es clipconverter.

Los videos no deberían de durar más de dos minutos. Lo digo porque a partir de dos minutos, el público entra en estado de 'butaca de cine', y le costará más volver a la realidad de tu presentación con diapositivas.

Al igual que las fotografías, el área que debería ocupar un video en una diapositiva no debería ser menor del 90%. Lo ideal es que ocupe casi toda la pantalla o toda. Es algo que va a centrar nuestra atención durante unos segundos, así que lo mejor es ser espléndidos.

Los videos de YouTube se pueden editar en la misma página de YouTube pues así ocupan menos espacio y duran menos tiempo. Solo tienes que abrirte una cuenta en YouTube, subirte a tu página personal el video que te interese, y luego ir a youtube.com/editor. Podrás cortar, manipular, colorear y sobrescribir ese video a tu gusto siempre que tenga una licencia de Creative Commons. ¿Cómo saberlo?

En la misma página de YouTube Editor hay una pestaña marcada con 'cc'. Al pulsarla, solo tienes que buscar un video y llevarlo a tu cuenta.

Una vez lo hayas hecho, puedes enlazar ese video con tu presentación, lo cual es arriesgado, como he dicho antes, porque te puede fallar la conexión a internet. Lo mejor es convertir ese video a un formato que puedas descargar en tu computadora como mp4, avi, quicktime...

Y una vez que lo tengas en tu computadora, puedes adjuntarlo a tu presentación mediante los comandos de 'insertar' de cualquier programa.

Existe la posibilidad de cortar y editar los videos en sitios especiales como Tubechop. Es muy rápido.

26. Cómo Usar el Puntero Láser

Se puede emplear un puntero láser (o mando inalámbrico) para señalar un detalle en una diapositiva con un punto rojo, pero el mejor puntero son tus manos y tus dedos. En lugar de usar el puntero, acércate a la pantalla y tócala. Muévete de un lado a otro de la pantalla y vuelve a tocar el gráfico, la imagen o la palabra que deseas destacar. Encuadra la diapositivas con tus manos. Dirige la atención del público con tus dedos y tus brazos.

Te recomiendo ver los videos de Hans Rosling en YouTube o en Ted Talks. Fíjate cómo mueve las manos en el caso de la "La Lavadora" (Búscalo como "Rosling, washing machine español").

También puedes usar un bastón extensible. El puntero no te sirve de nada cuando la pantalla es un monitor de televisión. El punto rojo de luz desaparece.

Por cierto, cuando tengas un mando a distancia o un puntero, apriétalo con suavidad, para que no parezca que estás apretando el gatillo de una pistola o encendiendo la espada láser de Luke Skywalker.

Haz la prueba: en las presentaciones de grupo ante un tribunal, siempre se producen desequilibrios entre lo que dice la persona que habla en ese momento, y el que tiene el mando a distancia. No se coordinan. Para evitar ese error, hay que hacer varios ensayos en una sala. Las diapositivas deberían entrar con un simple guiño, y sin que el orador tenga que gritar: "¡Siguiente!". Se puede solucionar cediendo el mando a la persona que habla.

27. El Desafío de los Gráficos y las Cifras

Uno de los errores típicos de las presentaciones es acumular gráficos y textos en una diapositiva.

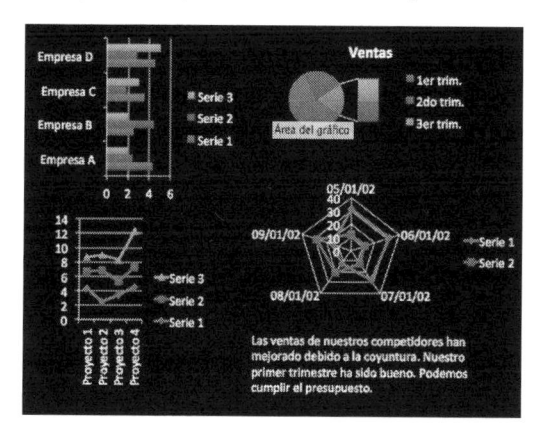

Nadie puede abarcar tanta información con la vista ni decodificarla con la mente. ¿Cómo arreglarlo en pocos segundos?

Poner un gráfico por diapositiva.

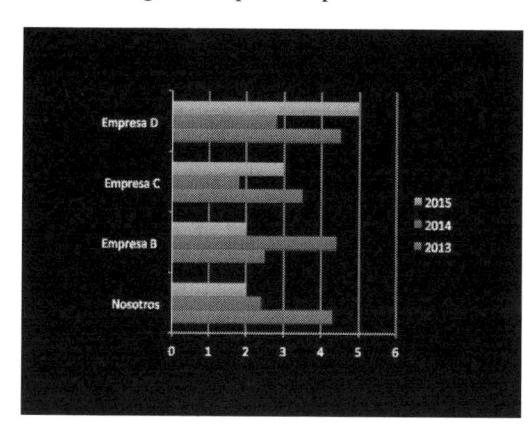

Pero entonces surge un problema. Tú quieres que varios gráficos estén juntos en la misma diapositiva para compararlos.

La solución es la siguiente: primero, tienes que resumir en una diapositiva anterior, el contenido relevante de la diapositiva siguiente. Por ejemplo:

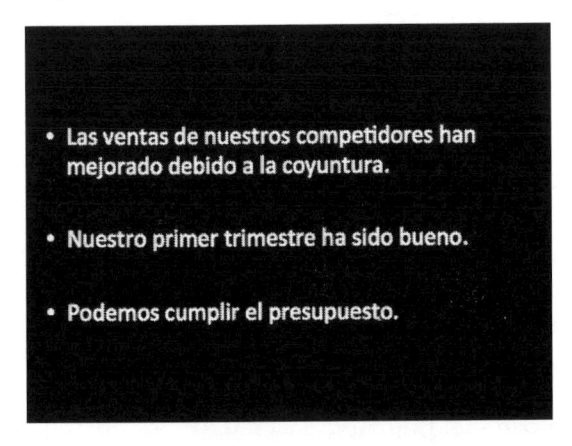

- Las ventas de nuestros competidores han mejorado debido a la coyuntura.

- Nuestro primer trimestre ha sido bueno.

- Podemos cumplir el presupuesto.

Y luego, cuando tengas que mostrar todos los gráficos a la vez, debes conducir la mirada del público mediante flechas o círculos. Pero estas flechas deben aparecer en la pantalla poco a poco.

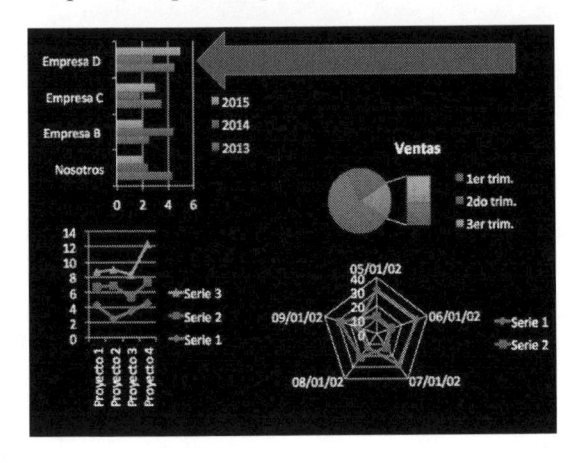

Es decir, debes apretar el mando a distancia a medida que explicas los gráficos, para que aparezcan poco a poco las flechas o cualquier otro signo de énfasis como círculos o cuadrados. Así la mirada del publico no se pierde.

Otro de los errores en las presentaciones con gráficos o datos es mostrar cifras a secas. Por ejemplo: "Nuestra empresa de telefonía tiene 220 millones de clientes en América Latina".

¿Eso es mucho o poco?

Las cifras deben ser comparadas con algo o con alguien para que la audiencia diga 'ohhh', en lugar de '¿y?'.

Por ejemplo: "Dos de cada cinco latinoamericanos son clientes nuestros. Eso es algo que no ha logrado ninguna empresa de telefonía en ese continente".

Los adjetivos usados en las presentaciones de empresa son demasiado generalistas: la empresa tiene una 'relevante presencia', 'es un referente', 'productos de gran calidad'.

Eso es lo mismo que decir nada.

Para presentar los datos de una empresa, es mejor usar algo que funciona en el mundo del deporte: los récords. Nos encantan los Juegos Olímpicos y el Libro Guinness de los Records. Nos encantan las clasificaciones de las Ligas de Fútbol de todo el planeta. El que mete más goles. El que corre más rápido. El que salta más alto. El que lanza el martillo más lejos.

Por eso, es lugar de decir que "nuestra empresa es líder", es mejor decir en una diapositiva:

"Es la número 1 en América Latina".

"Es el mayor fabricante de ruedas en Europa".

Las comparaciones y las analogías añaden claridad a una explicación. He aquí una analogía de un ave:

"Un colibrí mueve las alas 80 veces al segundo. Ahora intenten imitarlo: ¿saben lo más rápido que puede mover los brazos un ser humano? Dos veces por segundo".

"Hemos fabricado tantos coches que puestos en fila darían tres vueltas a la Tierra"

Las fechas o cifras pronunciadas a viva voz no son memorizadas por el público salvo que aparezcan impresas en una diapositiva y a gran tamaño:

1866

También es muy útil ubicar temporalmente al público, diciendo: "Ha pasado un siglo y medio desde entonces".

Haz la prueba: toma cualquier presentación que encuentres en slideshare y estudia sus gráficos. ¿Podrías mejorarla? Aplica los consejos de este capítulo, y limpia esa presentación de gráficos y de datos. Hazla más simple. Recuerda el modelo de 'Shifthappens'.

28. Cómo Escribir los Textos

Supongamos que ya nos han enseñado a diseñar una buena presentación en Power Point: el color de fondo, las animaciones, la inserción de imágenes y de video, incluso esa introducción impactante que deja boquiabiertos a todos.

¿Y qué escribimos en las diapositivas? ¿Cuánto? ¿Cómo?

Bienvenidos a uno de los problemas más básicos de las presentaciones: escribir los textos.

La mayoría de las personas cuando llega a este punto, comete alguno de estos errores:

Escribir demasiado.

Escribir cosas que no se entienden.

Escribir cosas aburridas.

El texto de una presentación de impacto debería aspirar a ser un texto de impacto, ¿no?

Una vez entendido esto, vamos a pasar a los trucos. Pero antes, me gustaría que entendieras que hay dos clases de presentaciones en Power Point: la que presentas en vivo como orador, y la que envías por correo electrónico.

La primera puede prescindir de buena parte del texto. Puede basarse en imágenes, en videos, en tartas, en gráficos e incluso en objetos que el orador lleve consigo como un cerebro de plástico, un mazo de cartas, dedos falsos o mosquitos (como hizo una vez Bill Gates). Las presentaciones con orador son lo más parecido al show de un monologuista, al espectáculo de un mago o al Club de la Comedia. En muchas ocasiones, hasta las mismas diapositivas pueden sobrar.

Pero las presentaciones que se envían por correo electrónico no se comprenden sin texto.

El texto de una presentación debe ser corto. Al grano. Resumir una idea en pocas palabras.

Para ser más claro, cada frase de una presentación debería ser como una eslogan publicitario. Las frases publicitarias basan su éxito en que son cortas y fáciles de recordar. "¿Te gusta conducir?". "Amamos los autos". "La chispa de la vida".

No es necesario que sean tan cortas, pero sí hay que tener en claro que no deben ser largas. Las grandes frases de la historia no son largas. Son cortas y memorizables: "Conócete a ti mismo". "

El éxito de los refranes es que funcionan con ese patrón de frase corta y memorizable: "Haz el bien y no mires a quién". "A caballo regalado no se le mira el colmillo".

Es muy fácil decir que hay que escribir frases cortas, pero, ¿hay alguna manera de hacerlo? Por supuesto; estableciendo un límite físico. Tratemos de limitar cada frase a 100 caracteres o a quince palabras.

El mejor ejemplo está en el cine mudo: los textos de las películas mudas eran muy cortos porque la gente quería ver las imágenes, no pasarse hora y media leyendo cartelitos. Tras una escena de amor en la que el galán confesaba sus sentimientos, veíamos un cartel como este.

> **Te amo**

¿Cómo lo habrías hecho tú en Power Point?

Pues así:

> Amor mío, no puedo describir el torrente de pasión que siento por ti desde el mismo momento en que te vi, cariño mío. Nada nos impedirá que podamos estar unidos hasta el fin de los tiempos, pues hay algo que supera todas las fronteras humanas, las fronteras físicas, incluso las fronteras temporales de la Teoría de la Relatividad de Einstein y eso es amor puro y consagrado que nos tenemos...

Lo cual demuestra que deberíamos usar el lenguaje del cine mudo a la hora de hacer presentaciones. Por cierto, ¿no se parece mucho una sala de cine a una presentación? Proyector, pantalla, textos, imágenes… ¿Por qué no usamos el mismo lenguaje del cine mudo?

El segundo truco de la escritura de un buen PPT consiste en usar la interrogación. En preguntar. Preguntar mucho.

La pregunta detonadora de una buena presentación es tan sencilla como: "¿Sabías que?". Funciona muy bien en cualquier idioma. ¿Por qué?

Las preguntas activan la mente de la audiencia. Nos ponemos en 'modo respuesta'. Es un desafío a nuestro conocimiento como el concurso televisivo de *Pasapalabra*. "¿Saben ustedes cuántos campos de fútbol hay en el mundo?". "¿Saben cuántos libros producimos al año?", "¿Saben cuántas hormigas hay en nuestro país?".

Cualquier persona puede despertar la atención del público con preguntas, incrementar el interés y activar la mente.

Introducir preguntas cada cierto tiempo en una presentación ayuda a mantener el interés.

Otro truco de la escritura de presentaciones consiste en huir de las palabras que terminen en 'ción', 'idad', 'ento'. La razón es sencilla: suele tratarse de palabras abstractas heredadas de la jurisprudencia, de la política y de los informáticos. Son muy abstractas y las abstracciones suelen obligar a la mente a hacer mayor esfuerzo. La mente es perezosa. No le gusta hacer tantos esfuerzos.

Esas palabras malas son: 'funcionalidad', 'condicionamiento,' 'facilitación'... Pero hay más como 'estructura', 'sistema', 'proceso'...

El truco para saber si tenemos muchas palabras abstractas consiste en leerlas y tratar de dibujarlas. ¿Cómo se dibuja 'estructura', 'funcionalidad', o 'sistematización'?

Con un garabato.

En cambio casa, coche, niño, árbol, libro... son muy fáciles de dibujar. Si son fáciles de dibujar, son fáciles de concebir. Le gustan a la mente.

Esto quiere decir que si usamos muchas palabras y conceptos abstractos en nuestra presentación, haremos que la audiencia desconecte y piense al final en la factura de la luz, en lugar de en nuestra magnífica presentación.

En resumen, cuidar los textos, hacerlos cortos, comprensibles y sobre todo 'imaginables, son las claves para escribir una buena presentación.

Libro: te recomiendo un librito muy sencillo titulado *Trucos para escribir Mejor*, que puedes encontrar en Amazon. Es digital. Allí están todos los consejos que doy a los que quieren escribir bien. Incluso para diapositivas.

29. Fuentes y Tamaños

Tienes que ser generoso: usa un cuerpo de letra grande en tus diapositivas. Que la última fila de tu auditorio pueda leer lo que está escrito en la diapositiva.

Uno de los defectos que sigo viendo en grandes presentaciones son los textos. Son muy largos.

He asistido a magníficas presentaciones en las cuales el ponente tiene una amplia experiencia en hablar, en moverse y en comunicar. Pero detrás de él, aparecen diapositivas abarrotadas de texto. Es imposible orientarse en ese oleaje de letras.

Escribir frases cortas, como hacemos en Twitter (incluso más cortas) es la mejor manera de transmitir.

Además, en nuestros tiempos sucede algo desconcertante: las personas que han ido a nuestra charla están leyendo y manipulando sus móviles. ¿Una falta de respeto? ¿Falta de atención? No necesariamente.

Puede ser que estén escribiendo en sus móviles lo que están escuchando: son tuits (o trinos como se dice en algunos países de América). Para facilitar esa tarea, al poner una frase corta en la diapositiva, les facilitas la tarea de usar sus redes sociales. La audiencia no se acuerda exactamente de lo que acaba de escuchar, pero si leen una frase corta, seguro que te tuitean.

Cuando los textos se ponen en la parte baja de la diapositiva, corren el riesgo de no ser leídos por las personas situadas en la parte posterior de la sala en caso de que la presentación se haga en un sitio a ras de suelo o cuando no hay un anfiteatro.

Puedes usar varias familias de letras, incluso combinar los fondos y colores. Pero como no eres un diseñador, correrás el peligro de crear un cuadro expresionista. Recuerda: puedes hacer una gran presentación con el 1% de las herramientas.

Si escribes varias viñetas o *bullet points* en una diapositiva, trata de que aparezcan en la pantalla poco a poco, a medida que haces clic. Nunca todas a la vez. Así llevas tú el control de la mirada del público.

30. INSERTA FRASES CÉLEBRES

Citar a Ortega, Platón, Marie Curie, o San Juan de la Cruz eleva el caché de la presentación y del presentador.

¿De dónde sacar esas frases? En internet, hay muchas páginas que contienen 'frases'. Con poner esa palabra, salen 'frases de amor', 'frases positivas', 'frases célebres'. Luego, hay frases de personajes como Einstein, Ortega u Oscar Wilde que están muy cotizadas.

Las citas o frases deben ser cortas. ¿Qué tamaño? En general, entre ocho y quince palabras en español. A partir de ahí, el lector pierde la atención y tiene menos retención. Además, las frases largas abarrotan la diapositiva.

Las citas más eficientes son las que encajan en el contenido de la charla. Por ejemplo:

Una de innovación: "Si buscas resultados distintos, no hagas siempre lo mismo". (Einstein).

Una de educación: "Siempre que enseñes, enseña a la vez a dudar lo que enseñas". (Ortega y Gasset).

Una de meditación: "La vida no se trata de encontrarte a ti mismo, sino de crearte a ti mismo". (George Bernard Shaw).

El mejor sitio para introducir citas suele ser en la última diapositiva. Si no sabes cómo terminar tu presentación, introduce al final una frase célebre, y a ser posible, positiva antes de despedirte.

Ten cuidado al copiar frases célebres de internet. Hemos visto la misma cita de Einstein para diferentes presentaciones y sobre cosas que nada tienen que ver entre sí.

Hay citas apócrifas. Comprueba que lo que dijo García Márquez sea verdad.

Las frases solas en los Power Point suelen perderse si las repites al mismo tiempo, dice David Philips. Tu idea o tu frase se refuerza si le añades imágenes.

Haz la prueba: entra en Facebook y mira la cantidad de carteles que hay escritos con frases célebres, desde Steve Jobs hasta Ramón y Cajal. Hay incluso páginas para crear carteles o memes como memegenerator o pozters. Escoge una frase que te guste e insértala al final de una de tus viejas presentaciones.

31. Un final, ¿de Película?

Si tu presentación o tu charla termina sin fuerza, el público se levantará menos animado que si preparas un buen final. El más sencillo es terminar con una frase. Puede ser tuya o de un personaje conocido. Ya he dicho en un capítulo anterior que existen en internet muchas páginas con frases célebres.

También puedes terminar con unos segundos dedicados a una reflexión que resuma la presentación. Me refiero a algo más largo que una frase. Los mejores finales suelen ser aquellos en los que involucramos al público comenzando con las palabras "todos...". Por ejemplo, una presentación sobre la tercera edad, puede concluir así:

"Todos hemos vivido casos de seres queridos que, en la última etapa de su vida, sufren una larga y penosa enfermedad, y que están recluidos en camas de hospital o en nuestras casas. En ese momento necesitan compañía porque, a pesar de que la enfermedad haya afectado sus sentidos, son conscientes de la soledad. Tenemos que estar con ellos, sufriendo con ellos y dándoles cariño. Porque, a pesar del dolor, cuando ya no estén con nosotros, jamás olvidaremos que cumplimos nuestra misión con ellos, como ellos la cumplieron con nosotros cuando gozaban de plena salud. Gracias".

Lo que no debes hacer nunca es terminar tu charla con frases como estas:

"Pues nada, eso es todo".

"Y hasta aquí llegué".

"Creo que no tengo nada más que decir".

Eso sucede porque has preparado toda tu charla excepto el final. Es mejor dejar una frase en la última diapositiva, leerla con lentitud, y dar las gracias.

Cuando viene el turno de preguntas y respuestas, no dejes que la última respuesta sea el cierre de tu charla o presentación. Porque quizá sea una pregunta de poca importancia con una respuesta banal. Para ese momento final, no dejes que el público se levante sin escuchar una frase o tener una sorpresa. Eso se llama 'crear un buen cierre'. Puede ser, como dije al principio, incluso una historia.

"Antes de terminar me gustaría contarles algo. Esta mañana, cuando me dirigía hacia aquí, pensé…,"

O bien puedes recordarle una vez más el leit motiv de tu presentación: "Recuerden, todos seremos ancianos alguna vez, de modo que no hagamos a los demás lo que no queremos que nos hagan a nosotros dentro de unos años. Gracias".

Video: el final más rocambolesco de una presentación fue el que preparó Hans Rosling para una charla TED sobre la pobreza en el mundo. Se puede encontrar en YouTube subtitulada en español poniendo "hans rosling ideas pobreza" (recomiendo activar subtítulos en español). No lo voy a revelar. Empieza en el minuto 17, cuando el orador se dirige al público para insistir que "lo que parecía imposible, es posible". Y lo demuestra con un cierre formidable.

32. Cómo Hacer Pruebas

En una sala donde iba a dar una presentación descubrí que la pantalla no reflejaba la luz del típico proyector que cuelga del techo sino que era una pantalla llena de luces LED.

Es decir, la pantalla era lo más parecido a una inmensa pantalla de televisión. La luz salía proyectada hacia el público. Las personas de las primeras filas quedaban literalmente cegadas cuando uno pinchaba una diapositiva con fondo blanco. Y cuando el ponente se movía sobre el escenario parecía una sombra chinesca.

Como a mí me tocaba dar la charla al día siguiente, cambié rápidamente el color de fondo de mi presentación. Con un clic, pinchando en 'Temas' y eligiendo el color negro, el fondo se oscureció y las letras aparecieron en blanco.

Un fondo negro y letras en blanco cansa menos la vista. El cine mudo ya lo hacía cuando aparecían los diálogos. Y en el cine moderno, los largos títulos de crédito del final aparecen siempre sobre fondo negro.

Al día siguiente, antes de empezar, hice un ensayo y me di cuenta de que había acertado: la presentación no cegaba al público. El ponente aparecía mejor iluminado gracias a los focos situados encima del escenario.

Con eso, facilitaba la labor a las cámaras de televisión que estaban grabando la presentación. Todo se veía mucho mejor.

Eso demuestra la importancia de los ensayos. Tienes que comprobar la sala, la iluminación, el proyector, la luz, el micrófono, la salida de audio, la sonoridad, y por supuesto, tu presentación. No dudes en cambiar cosas de tu presentación incluso aunque falten pocos minutos.

A pesar de tus precauciones, siempre surgirá un imprevisto que solucionarás con imaginación o aguantarás con paciencia.

Deberías tener un plan B. Lo pondrás en marcha cuando algo falla. A veces falla todo y te quedarás hablando solo, sin apoyo de las diapositivas y sin sonido. Una de las cosas que más falla en las presentaciones es la entrada de video. Para evitar esos fallos, lo ideal es que te descargues los videos de tu presentación a tu PC o Mac empleando un convertidor como 'clipconverter'. Y de tu ordenador, a la presentación.

Es muy arriesgado confiar en la conexión a internet.

Otra de las cosas que falla mucho es el sonido. El micrófono se queda sin batería, o bien el cable que conecta nuestro aparato al proyector no funciona por una razón desconocida. Para evitar esos problemas, te recomiendo que estés dispuesto a hablar en voz alta (en caso de que falle el micrófono) o que lleves un altavoz propio, cuando falla el sonido que conecta tu presentación a los altavoces.

También puede fallar tu computadora, o incluso tu lápiz de memoria. Por eso, siempre llevo varias memorias usb con la presentación. Además, la tengo almacenada en mi correo electrónico y en la nube (dropbox o drive).

Si llevas tu presentación en formato Mac, y la vas a proyectar introduciendo tu pen drive en un PC, haz un ensayo completo antes de que llegue el público. A veces, pasar de uno a otro formato descoloca textos e imágenes.

En resumen, una cosa es practicar en casa y otra hacerlo en una sala de conferencias de verdad. Para evitar los inconvenientes inesperados, haz varios ensayos. Trata de llegar muy temprano a la sala para someter a todos los equipos a prueba. No dejes nada a la improvisación.

33. Errores en Presentaciones de Empresa

El principal error de las presentaciones de empresa está al comienzo: has introducido un índice. ¿Piensas que una presentación con diapositivas es igual que un libro?

En los libros científicos o de negocios, los índices sirven para que el lector busque, encuentre y lea el capítulo que le interesa. Ahorra tiempo.

En las presentaciones con diapositivas, el público tiene que 'tragarse' toda la presentación sin remedio, desde la primera a la última diapositiva. Y en ese orden. Nadie suele levantar la mano y decir: "Por favor, ¿le importaría saltar hasta la diapositiva 23?". Por eso los índices son inútiles.

Los índices solo sirven cuando se envía la presentación por correo electrónico. El receptor puede abrirla, mirar el índice e ir directamente a la diapositiva que le interesa. Pero en ese momento no es una presentación en público, sino algo parecido a un libro o a un documento escrito.

Además, si introduces un índice de contenidos, pierdes la oportunidad de poner en práctica uno de los trucos más eficaces: la intriga.

Imagina que en lugar de mostrar el índice al principio, comienzas con una batería de preguntas.

—¿Alguno de ustedes teme perder su empleo en los próximos meses?

—¿Les gustaría cambiar de puesto de trabajo y de actividad?

—¿Quieren saber cuál es el estado actual de nuestra empresa?

También se ven cosas extrañas producidas por un concepto abusivo del marketing: un logotipo de la empresa en cada diapositiva. Yo me pregunto: si el señor Juan está haciendo la presentación de Gráficas Juan, ¿hace falta meter el logotipo de Gráficas Juan en cada diapositiva?

Los de marketing aducen que poner el logotipo en cada diapositiva sirve para hacer publicidad gratuita en caso de que una diapositiva o una presentación se comparta a través de correos electrónicos o en las redes sociales. Eso no suele pasar. Y en caso de que pase, ¿va a hacer subir las ventas de Gráficas Juan? Lo dudo.

Otro de los errores de las presentaciones empresariales es que suelen abusar del comienzo histórico. Se trata de un recuento de los hitos realizados por la empresa a lo largo del tiempo. Tendría sentido si has cuidado el detalle de no abarrotar cada diapositiva con decenas de hechos históricos. Pero no suele ser así.

Uno de los errores más difíciles de subsanar en las presentaciones de empresa es que nos sumergen en procesos, metodologías y funciones que son aburridos, pero necesarios.

Pero yo sostengo que la mayoría de esas presentaciones pueden mejorarse con trucos de Pensamiento Visual como los que explico en otros capítulos.

También se pueden mejorar introduciendo seres

humanos. ¿O es que detrás de la "implementaciones" de un "proceso" no hay seres humanos? También lo explico en otro capítulo.

Otro de los errores más comunes es que cada diapositiva está llena de "ruido para los ojos": muchos colores, muchos gráficos, muchas explicaciones.

No hay forma de prestar atención a ningún punto. Ya he explicado en otros capítulos varios trucos sencillos para abordar el problema de los gráficos. Los recuerdo aquí:

–Repartir los gráficos en varias diapositivas.

–Si ello no es posible, introducirlos (apretando el mando inalámbrico) uno a uno. Nunca a la vez.

–Antes de que salgan los gráficos, hay que presentar una diapositiva con sumarios que resuman los gráficos.

-Los sumarios deben contener menos de veinte palabras.

–Hay que destacar con flechas y círculos de colores las cifras más importantes de cada gráfico (y no hacerlo a la vez, sino secuencialmente).

Nunca olvides estos consejos. Tienes que llevar a tu público de la mano como llevarías a un niño a un museo: explicándole las cosas poco a poco.

Si entras en la web slideshare.net y buscas una presentación llamada "shifthappens", verás la que está considerada como una de las mejores de la historia presentaciones para exponer cifras y datos.

Haz la prueba: Hay miles de presentaciones en slideshare.net. Escoge al azar una que lleve la firma de una empresa y trata de analizarla, encontrar los errores y aplicar estas lecciones. Verás que tú mismo la corriges y la mejoras.

Video: busca en YouTube "shift happens" y verás en video la mejor presentación de datos.

34. Las Peores Situaciones

En charlas, seminarios, mesas redondas y conferencias, siempre se presentan los mismos inconvenientes. He aquí una lista de tropiezos y de consejos para afrontarlos.

1. El micrófono no funciona. Fallan con mucha frecuencia o se apagan a mitad de la charla porque se les extingue la batería. Entonces, hay que elevar la voz (hay que estar entrenado para hacerlo). Pero hay algo peor: a continuación viene un señor desarreglado que se sitúa al lado, detrás o cerca del conferenciante, y empieza a manipular aparatos mientras la charla está en su apogeo. El público se desconcentra. Nadie mira al conferenciante sino que todos están pendientes del desenlace del "hombre que intenta arreglar el micrófono". Este hombre, además, no se corta un pelo pues no le importa pasar delante del conferenciante, ajustarle el micrófono, probar con un "hola, hola", y seguir el curso de su trabajo hasta el final. Pero no resuelve nada. En ese caso, tienes que detener al hombre especialista en averiar micrófonos y decirle que lo deje, que tú puedes sobrellevar ese tropiezo. Sácalo de ahí lo antes posible o arruinará tu charla.

2. Los móviles que no están apagados ni fuera de cobertura. Pueden sonar al principio, en medio o al final de la charla. Pueden hacerlo con música de Metallica, Mozart o con Los Pajaritos. Da igual porque te van a suponer una seria distracción. Para evitar problemas, pide a la audiencia que desconecte los móviles antes de empezar, y hazlo tú con el tuyo, para que se produzca el efecto imitación. Como siempre entra alguien a la conferencia un poco más tarde, existe el riesgo de que no haya apagado el móvil. Aquí puedes hacer dos cosas: aguantar

como una estatua en caso de que suene ese teléfono, o hacer como el actor Hugh Jackman, que tras escuchar repetidamente un móvil durante una representación teatral en Broadway, detuvo la obra y pidió a la persona del móvil que lo apagara.

3. Alguien no pregunta sino opina. Siempre existe alguien que levanta la mano y en lugar de formularte una pregunta, se pone a disertar. Llamémosle 'versión A'. Como nunca sabemos si al final hará la pregunta, tienes que dejarle un minuto de cortesía. Pasado ese minuto, debes interrumpirle de la siguiente manera: "Creo que su pregunta es tal y cual, ¿no?". Si el señor responde que no era una pregunta sino "una opinión", entonces hay que explicarle amablemente que todos podrán escuchar su opinión si queda tiempo al final en el turno de preguntas. (La gente no ha ido a escuchar a alguien del público sino a ti). La versión B de esta situación es cuando formas parte de un panel o de una mesa redonda: como ningún panelista quiere hacer el papel de malo, entonces el opinador se siente a sus anchas. Lo único que puedes hacer es armarte de valor, interrumpirle y decirle que no has entendido bien su pregunta. Así aplicas la solución de la versión A.

4. Alguien sabe más que tú. De repente, alguien toma el micrófono (si es que funciona), y demostrando que sabe mucho más que tú, hace una pregunta que te pone en un aprieto. Muy fácil: di la verdad. "No lo sé". Eso es mejor que empezar a decir tonterías, porque esa persona puede repreguntarte y ponerte en ridículo. Eso sí: debes prometer que vas a estudiar el asunto a fondo, y que para la próxima conferencia (si la hay) tendrás la respuesta. Hay una versión demoníaca de este personaje

que es aquel que pregunta con mala intención. Quiere ponerte en ridículo. No caigas en su trampa. Di que no lo sabes y acaba el asunto ahí. Pero si conoces la respuesta, no se te ocurra responder con cara de malas pulgas. Demuestra siempre elegancia, educación y respeto. La audiencia asentirá y te entregará su corazón, aunque la respuesta no haya sido maravillosa.

5. Gente que entra y sale de la sala. Muchas veces, la sala tiene unas puertas ruidosas y la gente entra y sale libremente. Consejo: aguantarse. Hay que aprender a mantener la calma y no perder la inspiración en esos momentos.

6. Cuchicheos. En algunas ocasiones, alguien del público se pone a comentar con el vecino cosas en tono muy bajo. Hay personas que lo hacen con una voz estruendosa que siempre molesta. Consejo: mira a la persona que cuchichea, acércate a ella si la sala y la situación lo permite, o si la cuestión es muy molesta, y ruégale que deje de hablar porque está desconcertando al auditorio. En general, no hace falta llegar a esta nivel porque con varias miradas directas suelen callarse.

7. Que levanten la mano los que... En Estados Unidos la audiencia participa mucho. Les encanta levantar la mano, reír, responder preguntas, y gritar ¡sí podemos! Los latinoamericanos y españoles, no tanto. Tenemos mucho sentido del ridículo y de la vergüenza. Y si la conferencia es a las nueve de la mañana, decididamente nadie está por la labor. Por eso, no es conveniente pedir al público que levante la mano para responder si tiene coche, o si ha viajado a Japón, o cualquier pregunta que sea muy fácil de responder. Sólo debes hacerlo cuando

percibas que a ese público ya lo tienes metido en el bolsillo.

Haz la prueba: con un grupo de amigos, trata de someterte a las situaciones que he descrito antes. Tú te pones a hablar de un viaje y los demás hacen de público. Estas serán las situaciones: a) el público se duerme poco a poco; b) empiezan a sonar teléfonos; c) alguien te interrumpe; d) dos personas del público se ponen a discutir; e) todos están callados mirándote fijamente; f) alguien te contradice; g) se cae un objeto en medio de la charla; h) dos personas cuchichean en tono alto...

Recuerda que debes mantener la compostura y seguir hablando en todas estas situaciones. Requiere práctica pero al final es cuestión de oficio.

35. Consejos para Tímidos

Cuando tenía 21 años, Warren Buffett se apuntó a un curso de oratoria. Necesitaba superar el miedo a hablar en público. "Me aterrorizaba", dijo uno de los hombres más ricos del mundo en una entrevista a la CBS. "No podía hablar en público. No podía ponerme delante de un auditorio, ni siquiera para pronunciar mi nombre"

Buffett se gastó 100 dólares de los años 50 para asistir a un curso de oratoria de Dale Carnegie y obtuvo su certificado. "No solo ya podía hablar ante el público sino que ya no podía parar". Durante ese curso, Buffett se declaró a su mujer.

Una cosa es tener miedo a hablar en público, y otra ser una persona tímida. ¿Por qué establezco estas diferencias? Porque conozco gente extravertida que tiene miedo a hablar en público. En cambio, a los tímidos no les gusta hablar mucho ni en público ni a solas con sus amigos.

Los tímidos creen que eso les pone las cosas más difíciles. Creo que no. Las cosas son iguales para ellos que para el resto porque a la hora de ponernos a hablar delante de la gente, a todos nos entra un poco de miedo.

¿Hay algún antídoto especial para los tímidos? Hacer como Buffett: tomar clases de oratoria, buscar cursos on line o presenciales, aplicar trucos como los que expongo en este libro, ver videos de charlas TED (muchos oradores están muy nerviosos, pero llegan al final), citar historias personales, y sobre todo, practicar en su casa, grabando la presentación ante un móvil o una cámara cualquiera.

Cuando algunos alumnos o alumnas se preparan para dar una charla, me dicen: "Profe: tengo muchos nervios". Y yo les respondo: "Cuando tuviste la primera cita con la mujer o el hombre de tus sueños, ¿estabas en calma o con nervios?". Y como la respuesta la sabemos, les digo: "¿Cambiarías ese nerviosismo por tranquilidad?". No, claro.

Pues eso mismo quiero que sientas aquí: mariposas en el estómago. Disfrútalo incluso sufriendo. Nada de calmarte. Todo lo contrario. El nerviosismo es tu fuente de energía.

Haz la prueba: lee el primer capítulo de esta Guía y haz dos presentaciones. En la primera, preséntate ante un público invisible contando tu vida de forma lineal, como si fuera un curriculum o una hoja de vida. En la segunda, cuenta algo de tu infancia y de tu juventud que supuso una profunda experiencia. A continuación, relaciona esa experiencia con tu situación actual. Luego, compara la dos grabaciones y verás que en cinco minutos has progresado más de lo que pensabas.

36. ¿Qué Pasa en el Cerebro?

Durante una clase de 'Hablar en Público' en el Campus de Google de Madrid, una de las mujeres emprendedoras que había recibido una salva de aplausos por su charla, se volvió y me dijo: "¿Sabes por qué me di cuenta de que les estaba gustando mi charla? Porque nadie estaba mirando su teléfono móvil".

Me di cuenta entonces de que para saber si tu charla atrapa la atención hay una prueba visible: que la gente no consulte su teléfono. Mantener cautivado a un auditorio es más fácil de lo que parece. Sólo hay que provocar determinados estímulos en el cerebro.

¿Cómo funciona ese órgano?

Los neurocientíficos se han aplicado en las últimas décadas a estudiarlo a fondo. La primera regla que han descubierto es que nuestro cerebro no presta atención a las cosas aburridas. Desconecta.

La palabra "desconecta" no es un coloquialismo. La memoria y el aprendizaje están basados en "conexiones" neuronales. Cuantas más conexiones neuronales, más memoria, más recuerdo, más aprendizaje.

Para lograr que existan más conexiones, tenemos que controlar la atención humana. Cuanta más atención preste nuestro cerebro a un determinado estímulo, más acabada será la información la recuperaremos con más facilidad.

Como he dicho en otros capítulos, hay muchas formas de estimular la atención y las conexiones neuronales. Por ejemplo, estimular sus recuerdos. El paralelismo entre lo que tenemos almacenado en la cabeza y lo que le estamos escuchando en un auditorio, nos incrementa la atención.

De ahí la eficacia de los comienzos con: "¿No les ha pasado alguna vez en un avión que...?". Automáticamente, todos asentimos.

Los neurocientíficos se han dado cuenta de que el cerebro segrega una sustancia llamada dopamina cuando recibe estímulos del exterior. La dopamina es una droga. Produce placer. Estabiliza los recuerdos. ¿Qué cosas estimulan esa dopamina?

Los eventos emocionales. Las historias humanas captan la atención con enorme facilidad. Además, permanecen en la memoria. Según el médico John Medina, no solo persisten en la memoria sino que son recuerdos más exactos. Por ejemplo, aunque pasen semanas, podemos recordar una presentación en la que alguien contó una historia personal emocionante. Una vez me encontré en Colombia a una alumna un año después de haberle dado clase de oratoria. Los dos recordamos el caso de una venezolana que, siguiendo los mismos consejos que doy en este libro, había conmocionado a la clase. Nos hizo llorar.

Medina afirma que eso se debe a que cuando se presenta una emoción, la amígdala libera dopamina, una sustancia muy benéfica para la memoria y para el procesamiento de información.

Otra cosa que han descubierto los neurocientíficos es que el cerebro necesita ahorrar tiempo y espacio: guarda la imagen de los conceptos o los eventos y

117

desecha los detalles innecesarios. El cerebro es nuestro control de mando de la máquina de supervivencia. Está adiestrado para captar lo esencial de los hechos. Lo que llamamos 'conocimiento experto' no es almacenar miles de detalles sino las ideas generales. Pero eso sí: muy claras y muy grandes. Eso es la experiencia.

A los neurocientíficos les obsesiona la capacidad de atención del cerebro. Digámoslo de una vez: sólo puedes concentrarse en una cosa a la vez. La multitarea es una falacia. Algunos estudios demuestran que cuando nos interrumpen, tardamos 50% más de tiempo en acabar la tarea, y cometemos un 50% más de errores.

Nuestro cerebro es como un interruptor. Se apaga y enciende con cada actividad. Eso consume tiempo y energía. Mantener al interruptor encendido en una charla es fácil, siempre que se sigan ciertas reglas. Por ejemplo, como sabemos que el cerebro no procesa la avalancha de información, las diapositivas llenas en exceso de datos o palabras no pueden ser procesadas. El cerebro necesita tiempo para entender, y para descansar.

La información detallada bloquea al cerebro. La causa un cortocircuito. Es mejor exponer ideas generales, o mejor dicho, una gran idea general que se va desarrollando a lo largo de una línea que conecta los puntos. Entre esos puntos, tiene que haber golpes emocionales para ir asentando la información en el cerebro. Las emociones básicas, como dicen Medina y otros neurocientíficos, son el temor, el amor, el deseo sexual, la amenaza...

Cuando hablamos sobre un tema pero mostramos otra cosa en la pantalla, el público pierde la concentración porque el cerebro solo puede prestar atención a cosas semejantes.

Por último, el cerebro tiende a olvidar el 90% de una charla a los pocos días. Sin embargo, los recuerdos se retienen más tiempo cuando hemos sido capaces de rescatar la información mediante la repetición.

La memoria a largo plazo funciona a fuerza de repeticiones. Repetir una idea central a lo largo de una charla es el mecanismo que permite asimilar esa información. Y almacenarla en un sitio de nuestro cerebro durante más tiempo.

¿Por qué los "ejemplos de la vida real" funcionan tan bien?

Porque el oyente piensa que pueden servirle para el día en que se enfrente a una situación parecida: le confiere más armas para sobrevivir. Es como si alguien de la tribu contara por la noche alrededor de la hoguera cómo sobrevivió al ataque de un tigre. Mañana esa información puede servirle a otro miembro de la tribu.

Haz la prueba: siempre que vayas a exponer algo muy teórico, plantea a continuación un ejemplo. "Los niños aprenden más y mejor cuando se les plantea un reto. Por ejemplo, en lugar de preguntarles si saben cuánto es 24 x 31, trata de decir: ¿A ver quién es capaz de resolver en menos tiempo este desafío? ¿Cuánto es 24 x 31? Verán que todos se ponen a la tarea con pasión", dice Medina.

Video: hay un video en YouTube para demostrar la poca capacidad de atención del cerebro. Se titula "The attentional blink test". Por la pantalla desfilan un montón de letras, y debes encontrar la letra R y la letra C. Cuando se localiza la R, el cerebro tiene una pequeña desconexión de modo que no ves la C. Eso se llama "parpadeo de la atención". Es como si el ojo se cerrara.

Video: hay un video que puedes encontrar en YouTube que se llama "Awareness Test". Míralo y sigue sus instrucciones. Verás la sorpresa que te aguarda porque te demuestra cómo funciona tu atención.

37. Método TED de Hablar en Público

Ya que he hablado tanto de las charlas TED, voy a poner un resumen de los consejos más importantes.

No aburras al comienzo haciendo una enumeración de tu vida profesional.

Empieza contando una historia.

Empieza esa historia con una pregunta.

En los primeros segundos de tu historia, introduce un conflicto, un drama, una intriga....

Cuando la audiencia crea que el problema se va resolver, complícalo.

Haz que el público se formule preguntas (cómo, por qué, quién...) pues el conflicto consiste en eso mismo.

Usa imágenes porque eso hace que recuerden mejor, incluso imágenes descritas con tu voz.

Trata de estimular los cinco sentidos.

Sé preciso porque así la gente se lo imagina mejor. Lo generalista no engancha.

Si la historia es positiva y optimista funciona mejor. Y si el protagonista progresa, aún mejor.

Narra en forma de diálogo. Puedes usar variedades de tonos y volúmenes: es más dinámico porque apela a las emociones.

Resume tu idea básica en un mensaje corto que puedas repetir a lo largo de la presentación y sobre todo al final.

Cuida tu despedida con una frase que resuma todo.

Un ejemplo que resume todo ello, fue la charla que dio Javier García Arias, uno de mis alumnos, en TedxGranVia en 2014.

Javier empezó preguntando a los espectadores si estaban cómodos en sus asientos, si sentían el respaldo de la silla, cómo era la postura de su cuerpo. En ese momento apareció en la pantalla el interior de un autobús vacío, y Javier dijo: "Porque en los próximos minutos todos vamos a empezar un viaje. Estamos dentro de una autobús, lleno de gente especial". Esa gente especial eran autistas. Javier iba a contar su primera experiencia como monitor de niños autistas. Su charla se puede ver en YouTube. Se titula "Las pequeñas cosas de la vida".

Yo he dado dos charlas en TEDx y recibí clases especiales de una californiana llamada Karen Friedman. Una de las cosas en las que más insistió Karen fue que yo tratase de dar un solo mensaje. Lo decía porque a veces yo me ponía a dar rodeos. Karen me aconsejó centrarme en un mensaje principal, y repetir ese mensaje a lo largo de la charla. A veces, queremos dar tantos mensajes que el público no se queda con nada. (Karen tiene su propia empresa llamada Kommworks y se pueden ver sus videos en español en YouTube).

Video: se pueden ver las charlas TED en la propia web de la organización. www.ted.com. Muchas de estas charlas tienen subtítulos en español, y las mejores, hasta en catalán, gallego y euskara.

38. DEFIENDE TU TRABAJO DE GRADO O MÁSTER

No hables usando subordinadas ni yuxtapuestas. Por ejemplo, no digas: "En este trabajo, que como ven lo hemos ilustrado con muchas imágenes de la vida real y el cual está centrado en el mundo de las relaciones laborales, hemos intentado exponer con sus brillos y oscuridades, la verdad de la comunicación en la empresa". Es mejor dividir las frases y poner puntos y seguidos. "En este trabajo hemos intentado de exponer la verdad de la comunicación en la empresa. Está centrado en el mundo de las relaciones laborales. Tiene sus brillos y oscuridades, y lo hemos ilustrado con muchas imágenes de la vida real".

Responde rápido y yendo al grano.

No te pongas a divagar en las respuestas en las que te piden tu opinión.

No digas mentiras cuando te pregunten tu opinión. Sé sincero, y si no lo sabes, di que no lo sabes.

No des un paso atrás cuando te pregunten. Significa que te han dado un puñetazo verbal y no sabes responder.

No pongas las manos atrás cuando te pregunten o cuando expongas. No eres un prisionero de Alcatraz. Ponlas delante y júntalas como si fueras a rezar, como si amasaras harina, o entrelaza los dedos.

No mires al techo cuando respondas; parecerá que no tienes las ideas claras. Mira a los miembros del tribunal. A todos.

No te aceleres al hablar: trata de que todos entiendan lo que dices.

No te pongas las manos en la cadera.

Consejo para hombres: ir 'bien vestido' no es con ir una camiseta de los Simpson y un vaquero, sino con un pantalón limpio, camisa y chaqueta. Lo de la corbata lo dejo a tu gusto.

Elige el trato al tribunal: en Latinoamérica es obligado el Usted, pero en España, si es un tribunal de una escuela de negocios, puede que no les importe que les trates de Tú. Decídelo.

Consejo para las mujeres: no uses pulseras porque cuando te pongas nerviosa empezarás a jugar con ellas y el tribunal se dará cuenta de que estás nerviosa.

No cruces las piernas cuando estés de pie. No eres bailarina del Bolshoi.

No cuentes lo obvio: si sale un video de animales no digas: 'y aquí tienen ustedes un video de animalitos'.

No cruces los brazos. Junta las manos delante de tu estómago.

Usa el mando inalámbrico para pasar diapositivas: es mejor que el teclado.

No te rasques la nariz ni la oreja ni la cabeza.

No exageres como cuando dices 'vamos a ser como Google o Facebook'.

No digas groserías.

No mires el móvil aunque sea para consultar el tiempo que te falta. Usa otro medio.

No expongas videos de más de dos minutos. Si son más largos, el tribunal se pondrá en modo 'butaca de cine'.

No te pongas delante del proyector porque se reflejarán en tu cara las diapositivas. No eres una pantalla de cine.

No importa si te pasas de optimista. Pero no exageres.

No estés triste. Sonríe al tribunal todo el tiempo.

No cites cifras que no hayas comprobado. Que sean exactas

No termines abruptamente. Al tribunal le gusta que termines con conclusiones bien razonadas. Le gusta que te creas el proyecto.

No critiques a un compañero. Ejemplo: "Claro, lo que pasa es que ella no ha sabido explicarlo".

No hables cuando está hablando un compañero.

No contradigas a un compañero de exposición.

No muevas la cabeza diciendo 'NO' cuando hable un compañero, sino que asiente diciendo 'SÍ'.

Átate bien la corbata. No es una soga.

Abotónate la chaqueta.

No interrumpas a un miembro del tribunal.

Si no entiendes la pregunta del tribunal, pide que la reformulen.

Si la sigues sin entender, responde así: "Supongo que me quiere preguntar tal cosa o la otra".

No uses las frases típicas: "Estamos en un mundo globalizado", "Experiencia de usuario única", "Cada vez más gente se conecta a internet", etc

No uses un lenguaje abstracto. Habla para un niño de 12 años. Cuenta historias.

No desvíes la mirada aunque alguien irrumpa ruidosamente en la sala o llame a la puerta.

Empieza con una pregunta.

Empieza con una historia.

Empieza con una cifra.

Empieza con un video.

Empieza con un hecho insólito.

Describe tu presentación usando ejemplos visuales: "Imaginen que…".

Si vas a leer, no lleves un papel porque tus nervios lo van a triturar. Es mejor una tarjeta o cartón para que no se doble.

Responde mirando a los ojos de los miembros del tribunal y hazlo con frases cortas.

No des la orden de pasar las diapositivas a un compañero diciendo "¡pasa!", porque estás interrumpiendo tu propia exposición. Trata de coordinarte con tu compañero con una mirada para que adivine el momento adecuado para pasarlas.

Aporta datos contundentes.

Cuando exponga un grupo, los ponentes que no hablen deben estar quietos mientras su compañero habla. Estar quietos significa modo 'estatua'. Deben mirarle a él o al tribunal.

Baja la intensidad de la luz de la sala cuando proyectes tu PPT porque así se verán mejor tus diapositivas.

Si te equivocas en una definición no te corrijas diciendo, "perdón, no es así". Es mejor que digas: "quiero decir que". Como hacen los locutores de TV.

Deja bien claras las diferencias que hay entre tu proyecto o tu propuesta y la de los competidores pues el tribunal entenderá que has encontrado un nicho para tu producto o servicio.

Trata de mencionar un dato o experiencia personal del tipo: "Cuando yo fui scout a los 12 años aprendí el valor del esfuerzo y del compañerismo".... o "Cuando viví en Etiopía con mis padres aprendí a valorar las culturas africanas".

Si vas a mostrar un video, procura que el sonido sea bueno. Si no, pon subtítulos a los diálogos.

Cuando pongas un video hecho por ti trata de sonreír al tribunal aunque sea muy malo.

No des la espalda al tribunal.

Trata de entusiasmar también a tu tutor. Suele acompañar al tribunal, aunque no tenga voto.

Ensaya con tus compañeros la posición que van a

ocupar en el escenario.

Cuando te pongas un cartel para identificarte, procura que tu nombre aparezca en grande para que se pueda leer desde lejos.

Empieza definiendo un gran problema porque el tribunal querrá saber cómo lo vas a resolver.

En la mañana de tu exposición, antes de ir a defender tu tesis, lee las noticias del día por si el tribunal te hace una pregunta relacionada con la actualidad.

Ensaya bien el pase de cada diapositiva: no te equivoques con las teclas pues puedes ralentizar el ritmo de la exposición

Que tú hayas descubierto algo en el curso de su trabajo de grado o de máster no significa que sea nuevo. Comprueba si es realmente novedoso.

Averigua quién compone el tribunal porque así sabrás si van a valorar más la parte financiera, de marketing o de contenidos.

No te expreses usando el tono de Wikipedia. Habla como si lo estuvieras contando a un amigo. La monotonía de la voz produce aburrimiento.

No muestres en la presentación algo que sea obvio: "Y en este tag que dice 'contacto' se pincha y sale cómo enviar un mail a la página web.

Define tu idea en una frase corta, repítela a lo largo de la presentación y, sobre todo, suéltala al final con contundencia: "Construimos grandes marcas para pequeñas empresas"

39. Algunas Leyendas Falsas

He aquí una serie de cosas que, desde mi punto de vista, no son verdad.

–El 60% de lo que comunicas lo haces a través del lenguaje del cuerpo.

No lo creo porque he visto charlas de personas que estaban sentadas o de pie e inmóviles, pero decían cosas maravillosas. Lo más importante es lo que cuentas.

–No te metas la manos en los bolsillos.

Si el orador quiere crear un momento de complicidad con la audiencia, puede meterse las manos en los bolsillos.

–Lo tímidos no sirven para hablar en público.

A todos nos pone nerviosos hablar en público. Pero hay trucos para afrontarlo.

–Hay presentaciones aburridas que no se pueden arreglar.

Si usas la técnica del guión de cine, poniendo 'el problema' al principio, lograrás impulsar tu presentación.

-No des la espalda al público.

Se puede dar la espalda si queremos mostrar cosas importantes en la pantalla. La podemos tocar y señalar.

La gran lección de todo este manual es que NO HAY REGLAS DE ORO.

Sólo hay consejos.

Video: Marc Vidal, un conferenciante original y experto en divulgar temas económicos, tiene una charla amena en la que habla con las manos en los bolsillos, camina sin parar, da la espalda al público, emplea una música tétrica... pero atrapa la atención por la calidad de sus historias y las reflexiones que provoca. Lo puedes ver en YouTube en "marc vidal fracasar innovando".

40. Recursos

Recuerda que las fotos e imágenes tienen derechos de propiedad. Pero los propietarios pueden dejar que las uses gratis si cumples algunos requisitos como que las vas emplear para una presentación con fines educativos o no comerciales.

Incluso las fotos que vienen bajo el formato de Creative Commons tienen derechos, pero se pueden usar bajo ciertas condiciones. En la mayor parte de los casos, hay que citar a los autores en alguna parte de la diapositiva, o al final, haciendo una lista.

Puedes encontrar material en:

www.freedigitalphotos.net

www.shutterstock.com

www.pixabay.com.es

Webs que te ayudan a diseñar tu presentación:

www.elartedepresentar.com

www.presentationzen.com

41. COMENTA

Si te ha gustado este libro de consejos, quizás te gusten estos otros del mismo autor.

Trucos para escribir mejor. Amazon, 2013.

Storytelling: la escritura mágica. Mirada Mágica 2017.

Manual para Escribir como un Periodista. Mirada Mágica. 2015.

La Edad de la Codicia. Mirada Mágica. 2009.

Las Once Verdades de la Comunicación. Lid. 2010.

La Tumba Perdida de Cervantes. Mirada Mágica. 2016.

Puedes escribirme a mi correo electrónico:

carsalas21@gmail.com

(Última corrección: mayo de 2018)

Made in the USA
Middletown, DE
15 January 2019